「魔法の1秒笑顔」ハッピー大全

家庭も職場もうまくいく

杉浦永子 著

セルバ出版

はじめに　人間関係は「魔法の1秒笑顔」で変わる！

皆さま、こんにちは。本日は、第一印象研究所　特別便をご利用いただき、誠にありがとうございます。私は、ご案内役の杉浦永子（ながこ）と申します。目的地、幸せ空港の天候は雲一つない快晴でございます。気温は、皆様の熱気により測定不可能でございます。本日は、上空に参りまして「魔法の1秒笑顔」についてお伝えいたします。皆さまが積極的に参加してくださると大変嬉しいです。本日は、どうぞよろしくお願いいたします。急に驚かせてしまい、失礼いたしました。

改めまして、私は、現在、客室乗務員、介護職の経験を活かし研修講師等、人材育成に関わる仕事を17年続けて参りました。マナー、コミュニケーション、アンガーマネジメント、ペップトーク、ハラスメント防止、コーチングなどを学び続けていく中で、すべてに通じる土台、スタートは〝笑顔〟だと言うことに気づきました。

今回、初出版になりますが、私の人生は、幼少期にまつわる笑顔に関することが原点となって、就職、結婚、人間関係はすべて笑顔で切り拓いてきました。人生は、上り坂、下り坂、まさかという想定外のことがあります。そのようなときこそ、本書がお役に立てれば幸いです。

毎日、子育てや仕事、家事に追われていると「アレもコレもしなきゃ！」。やることに追われて、1日が台風のように過ぎていく……。そのような日々に「私の人生、これでいいのかな！？」ふと寂しい気持ちになることがありませんか。一生懸命、仕事も頑張っているのに、なかなか認めてもらえない。ついつい、頑張りすぎて、疲れてしまい、空回りしてしまう。そのような自分を必要以上に責めてしまう。心に不安やイライラ、焦りがあると、なんだか落ち着かない。笑顔どころか、自分の顔を見る余裕さえない人もいるでしょう。

笑顔はあなた自身だけではなく、周りを巻き込み、伝染していく性質があります。笑顔のない人は相手をマイナスな気持ちにさせたり、伝染する特徴があります。仮にあなたが、話しかけにくい不機嫌な印象、周囲が顔色を伺う、いつも怒っていると勘違いをされることがあるとしたら、これらはすべて笑顔がないことから始まる悪循環といえるでしょう。

本書では、笑顔になれる「魔法の1秒笑顔」をご紹介します。

笑顔は幸せの象徴です。笑顔は人を癒して、喜びや安心感を与えます。何より印象に残り、また会いたいと思ってもらえる人になります。人生において、たくさんのチャンスをもたらすでしょう。周りの人をハッピーにし、幸せの循環を生み出すことができるのです。

特にお子さんのいる方は、「魔法の1秒笑顔」を習慣にすることで、子どもの心が安心し、健やかに育ち、自立した精神を育てることができます。パートナーがいる方は、あなたが笑顔になるだけで夫婦円満。ずっと言えなかったお願いを聞いてくれたり、やりたいことを応援してくれたり、今までとは180度違う理想の関係に変わります。

また私の経験から、夫婦喧嘩というのは夫婦が思う以上に子どもの心に深刻なストレスを与えます。笑顔の多い家庭の子どもは安らぎとやる気に満ちています。

本書は、前半は笑顔に関する心の持ち方・考え方に触れ、後半は技術・スキルについて触れています。笑顔は大切と思ってもしんどくて笑えないときもあります。そのようなときは、無理に笑う必要はありません。自分を癒すテクニックもありますので、自分の心と上手に向き合い、自らの人生を好転させてください。

本書は、自然にマナーやコミュニケーションについて学ぶこともできます。品格を身につけるきっかけにもなるでしょう。ビジネスにおける心理的安全性と笑顔の関わりについてもまとめました。写真や表なども多いので興味のあるところから読んでください。笑顔チェックシート、敬語表などもございますので、日々持ち歩きご活用いただけると幸いです。

私の人生のテーマは、「笑顔3割増し」です。なぜ、笑顔をテーマにしているかは本編で詳しく触れます。100パーセントではなく、3割増しは無理強いではなく、学びを通し「きっかけづくり」をしたいという願いが込められています。

さあ、一緒にここからあなたの人生に心のゆとりが生まれ、心豊かに笑顔3割増しになるよう、幸せ空港に離陸しましょう。

2023年10月

杉浦　永子

「魔法の1秒笑顔」ハッピー大全　家庭も職場もうまくいく　目次

第2章 「魔法の1秒笑顔」で、人生を楽しく！（基本編）

第3章 「魔法の1秒笑顔」で、暮らしの中で笑顔の習慣化（実践編）

第4章　「魔法の1秒笑顔」で、仕事も円滑に！（実践編）

第5章　「魔法の1秒笑顔」で立ち居振る舞いも品格アップ（実践編）

第6章　「魔法の1秒笑顔」で、話し方・言葉遣いも品格アップ！（実践編）

第1章　誰でもできる「魔法の1秒笑顔」が最高のマナー（基本編）

1　究極のマナーと笑顔の関係・笑顔の効果

そもそもマナーとは何か？

「マナー」について、お聞きすると「ルール」「作法」など堅苦しいイメージを持たれる方が多いようです。マナーとは、相手を思いやり、想いを形に表すものです。思いは、頭で感じ、想いは心で感じるものです。

焦点は、「相手」にあるため、まずは、自分から行動や形に表すことで相手が喜び、その姿に自らも笑顔になり感動をもたらしてくれます。マナーは、人生の幸福度を上げ、人間関係の潤滑油ともいえます。

見えるマナーと見えないマナー

つまり、「マナー」とは思いやりであり、それを目に見える形にしたものだと思っています。心の中で思っていたり、考えていたりするだけでは、マナーは50点。思いやりを相手が五感でキャッチできるよう表現できてこそ１００点だと考えています。もちろん、あえて形にしないマナーもございます。

以前、娘が親元を離れる際に、帰りの飛行機でこれまでの子育てが走馬灯のように流れ号泣した

〔社会人として必要な５科目〕

①　身だしなみ⇒人は見た目９割　清潔感がポイント！
②　表情⇒相手に好印象を与えるコツは笑顔
③　態度⇒姿勢はやる気の第一歩！！
　　　　プラス　正対→（おへそ向ける）
④　あいさつ⇒あいさつは人間関係の潤滑油♪
⑤　言葉遣い（コミュニケーション）⇒いい言葉がいい人生をつくる♪

私に対し、客室乗務員が近づいてきて、「どうしたんですか？　大丈夫ですか？」と何度も聞かれ、そっとして欲しいとお願いしたのですが、側から離れなくて困ったことがありました。

基本は、相手を思いやることがベースです。気づいて、形に表す場合と、あえて気づいてもそっとしておくマナーもございます。

社会人として必要な五科目

ところで、小学校や中学校では、国語、算数、理科、社会、体育が、「大人になるために必要な五科目」だったと思います。実は、社会人にも「大人としての必要な五科目」があります。それが上の表です。

この中で最も重要度が高いのは、②表情です。

どんなに美しい心を持っていても、それが表情に表れていなければ、相手には伝わりづらいのです。表情が乏しいために、せっかくの思いやりが伝わっていない、ということがよく起こっています。

想像してみてください。初対面の人が、さわやかな笑顔で「こんにちは」とあいさつしてくれたら、どんな気持ちになるでしょうか。明るい気分になるのではないかと思います。

笑顔の効果

社会人の5科目の中で表情の大切さを伝えましたが、笑顔の効果をご存知ですか。笑う門にも福来るということわざもあります。

その1、ストレス解消です。笑うことで脳内には幸せホルモンと呼ばれるセロトニンが多く分泌されプラス思考になると言われています。その2、免疫力アップ！　笑うことでウィルスを退治する細胞が活性化することが証明され病気を予防できると言われています。その3、コミュニケーション力アップ。前向きな姿勢を笑顔で表現することにより、相手に対し安心感とやる気を与えることができます。その4、幸福度アップ！　笑顔でいることでポジティブになりやすく素敵な出会いやチャンスが舞い込んできます。その5、笑顔が伝染します。

笑顔は伝染する

笑顔は人に伝染します。笑顔が笑顔を呼び、そこに人が寄ってきます。結果として、職場の仲間に好かれたり、家族に愛されたり、友人や知人が増えたりします。

いま、社会にはさまざまな問題が横たわっています。うつ、引きこもり、いじめ、不登校…。そうまでならなくても、心の中に漠然とした不安やモヤモヤを抱えている人が大勢います。

たった1つの笑顔が、社会を悩ませているさまざまな問題を解決する糸口になるかもしれません。気持ちや表情は伝染することを心にとめてみてください。これぞ究極のマナーであり、思いやりの

「見える化」ではないでしょうか。

2　コロナ禍だからこそ「笑顔」をチェック

笑顔の劣化が起こっていないか

長らくマナー講師として、多くの方々に表情の重要さをお伝えしてきました。そのような中で思うのは、新型コロナウイルスの影響によって、私たちの表情に大きな変化が起こっている、ということです。具体的に言えば、長期間にわたるマスク生活で、笑顔の〝劣化〟が起こっているのです。ある女性は、コロナがようやく落ち着き、マスクをとった自分の顔を鏡で見て「私って、こんなに年を取っていたっけ？」とショックを受けていました。いつの間にか老け顔になっていることに気づいたのです。

口角を意識する

なぜ老け顔になってしまったのか。それは、口角が下がってしまったからです。マスクをしていると、笑顔をしなくても他人に気づかれないので、「ま、いっか」とつい油断をしてしまうのです。それによって、笑顔をつくり出す口角が上がらなくなってしまい、重力に負けてダランと下がってしまいます。こうした「コロナ老け」に困っている女性は、意外とたくさんいます。

人づきあいが減ったことによって、思いやりを示す笑顔の頻度も減っています。日本は、高度成長期が始まった50年ほど前から、核家族化が進んできました。一つ屋根の下に暮らす家族の人数が減ったのです。現在は、核家族化を通り越し、一人で暮らす「単独世帯」が年々増えています（※1）。

※1　令和2年国勢調査　人口等基本集計結果
https://www.stat.go.jp/data/kokusei/2020/kekka/pdf/outline_01.pdf

環境の変化の影響

こうした家族の変化によって、親戚付き合いが減ってきています。昔は、親戚付き合いがあり、一緒にごはんを食べたり、お茶を飲んだりしてワイワイ過ごす風景が見られました。こうした人と人との交流が増えると、自然と思いやりや配慮が生まれます。親戚のおじちゃんおばちゃんに「こんにちは」といってあいさつしたり、お小遣いをもらえば「ありがとう」とお礼を言ったり。それによって、笑顔が鍛えられていたのです。

しかし、一人で自宅にいる時間が長くなると、他人に対して思いやりや配慮を示すチャンスがなくなります。その結果、知らず知らずのうちに笑顔が減り、口角が下がり、残念な表情がつくられていきます。

コロナ禍のような深刻な事態は、もう二度と起こってほしくないと思いますが、いつ何が起こるかわからない時代です。もしも、またマスク生活が始まるようなことがあれば、「マスクをしているから、笑顔にならなくていいや」ではなく、「マスクをしているからこそ、笑顔をチェックしよう」という考え方に切り替え、幸せを運ぶ笑顔にすることが重要ではないでしょうか。

一人で暮らしている方は、自分が笑顔の〝劣化〟を起こしやすい生活環境にいるのだ、と自覚するだけで、対策を打つことができます。具体的な対策は第３章から解説をしていきますが、ほんのちょっとしたことで、笑顔が増え、表情がみるみる豊かになっていきます。

あなたが今どんな表情であったとしても、自分の力で、ステキな笑顔を生むことができることを、覚えておいてくださいね。

「ニコッ」で不幸が幸せに早変わりする

私は誰かと会っているときや、講師としてお話をするとき、おおよそニコニコしています。それを見た方から「杉浦さんって、きっと育ちがいいんでしょうね。いいところのお嬢さんだから、そんなにニコニコしていられるんでしょう？」と聞かれたことがあります。学生寮に住んでいた頃にも、周りの人にお嬢と呼ばれていました。

そのようなとき、私は「誤解されているな～」と思っています。なぜなら、育ちがいいから笑っているのではないからです。むしろ、それとは真逆の環境で育ってきました。それでもニコニコできるのは、笑顔によって人生が変わったという経験を持っているからです。それを皆さんにお話しすることで、笑顔の素晴らしさをご理解いただけると思います。

母の眉間のシワが気になった

私は、秋田県鹿角（かづの）市で産声をあげました。父はとてもおしゃれな人で、格好良かったと聞いていますが、私はそのような父の姿をいっさい覚えていません。というのも、私が生まれて4か月後、父は白血病でこの世を去ってしまったからです。

私は、父の顔を知らないまま大きくなりました。一家の大黒柱を失った家の中は、どんよりしていました。自分の息子を亡くした祖母、早くに未亡人となってしまった母、父を亡くした兄、みんなが明るさを失っていました。

特に母は、苦しさが顔にまで表れていました。女手一つで私と兄を育てるため、嫁いだ家の畑や田んぼを手入れしながら、外で仕事をして必死に家計を支えてくれていました。そのため、眉間には、深いシワが刻まれていました。

笑顔は幸せを生む魔法

私は、幼いながら気になったのでしょう。眉間のシワが気になると小さな手を伸ばし、母の眉間をコショコショとさわってはニコッと笑っていました。すると、疲れた顔をしている母が、みるみる満面の笑顔になり、私をぎゅっと抱きしめてくれるのです。

私はこのときから、幼いながらに、笑顔の威力というものを実感していたのだと思います。笑うと家の中がパッと明るくなる。この法則を見いだし、それを無意識のうちに使っていたのです。笑顔は私にとって、「幸せを生む魔法」だったのです。

幸せだから笑うのではない。笑うから幸せなのだ、という言葉があります。小さな私がいつも笑っていたのは、幸せだったからではなく、幸せになりたかったから、なのです。私の生い立ちを話すと、「大変な家庭環境で育つと、普通は笑顔をなくすと思いますが、杉浦さんが笑顔を失わなかったのはなぜですか？」と聞かれます。その問いに対する答えは、「ニコッとすれば、不幸な環境にいてもハッピーになるから」です。

自分がどんな家庭環境のもとに生まれるか、私たちには選ぶことができません。幸せな家庭に生まれる人もいれば、その逆の人もいます。でも、どんな環境にあっても、自分が「ニコッ」とするだけで、不幸が幸せに変わります。そして「ニコッ」には、まわりに漂う不幸の空気さえも、取り払ってしまうだけのパワーがあるのです。

3 「変えられないこと」ではなく「変えられること」に目を向ける

シングルマザーの家庭

赤ちゃんのときに父を亡くし、決して豊かとは言えない家庭環境の中で、なぜ私は笑顔でいられたのか。それにはもう一つ理由があります。

成長し、小学校に通うようになった私は、自分の家が友達とは異なる環境だということに気づきました。今でこそシングルマザーの家庭はめずらしくありませんが、当時、両親がそろっていないのは、クラスで私だけでした。

子どもの頃のつらい体験

私が通っていた小学校は、自宅から4キロほどありました。子どもにしてみれば、これはかなりの距離です。そのため、友達はみんな自転車を買ってもらい、夏休みの飼育当番の日には、自転車で小学校に行っていました。中学は自転車通学だったので買うのは必要でしたが、必要ではないものをおねだりできるような状況にありませんでした。

みんなは持っているのに、私だけ持っていない。これは子どもにとって、かなりつらいシチュエーションです。とうとう皆で学校へ自転車で行く日にお腹が痛くなり体調が優れなくなりました。するど学校から戻ってきた子ども達が、家の玄関前を取り囲み、「どうしてら～?(どうしたの?)」と訪ねてきたのです。兄が「妹はいま寝てるから」とかばってくれたのですが、私は取り囲まれたことがとても怖かったのです。今、思えば心配して来てくれたのかもしれませんが、当時は心の余裕はありませんでした。父がいれば、そもそもこんなことは起こらなかったはずです。私だけではありません。母は、夫がいないという理由でバカにされたり、蔑んだように見られたこともあるそうです。今は考えられないかもしれませんが、昭和の時代は、夫のいない女性の社会的地位は低かったのです。

そのような母親の背中を見て育ったせいか、兄が高い買い物を要求し困っている姿を見て、私は安いものにしておけばよいと自分の気持ちより母のことを優先する子どもになっていました。

自転車も買ってもらえない。母は世間からバカにされる。買い物では一番安いものを選ばなければならない。なんてみじめなんだろう、なんて不公平なんだろう……そう思ったこともあります。

でも、経済的な余裕がないことも、母子家庭に対する世間の目も、小さな私には変えようのないことでした。それでは、何が変えられるのか。そこで私が目を向けたのが、表情であり、行動であり、言葉づかいだったのです。

運命と宿命

人には、宿命と運命があると思います。宿命とは、「命が宿る」と表されるように、私たちがこの世に命を授かったとき、既に私たちの中に宿っていたものを指します。これは自分ではどうしようもありません。変えられないものです。一方、運命とは、自分が切り開けるものです。運命は「命を運ぶ」と書きます。運ぶのは自分、つまり、自分次第で変えられるものなのです。

家が貧しい、親がいない、世間が冷たい、こういった変えられないことに目を向け、「どうせ自分なんて…」と思っているだけでは、何も変わりません。結局、不幸なままです。でも、自分が変えられるものに目を向け、表情を変え、行動を変え、言葉づかいを変える。これによって、確実に人生は豊かになっていきます。不幸から脱出することができるのです。

4　苦しさは幸せを生む母

気遣いできるステキな大人になるためのよい経験

さきほど、私の実家にはお金がなく、自転車も買ってもらえなかった、と言いました。先に説明をすると、実は、家にはちゃんとお金がありました。田舎ですので土地代は格安です。母は、母子家庭の先行きが不安だったのか、少ない収入の中から、コツコツとお金を貯めていたのです。お米もつくっていたのでその収入もありましたし、畑で美味しい野菜がつくられ自給自足。もし私が自転車をねだったら、買ってもらえるほどの蓄えは、充分にあったのです。

それなのに、私が「自転車をおねだりしてはいけない」と思っていたのは、母への気遣いからでした。身を粉にして働き、私たちを育ててくれている母にぜいたくを言ってはいけないと、子どもながらに思ったのです。傍から見れば、この自転車の一件は、「貧しくてかわいそうな出来事」かもしれません。でも、この一件があったからこそ、私は早い時期から親への思いやりを覚えることができました。私にとっては、気遣いができるステキな大人になるための〝よい経験〟だったのです。

不幸だ、と思っていることも、裏を返せば幸せにつながっていた、ということがよくあります。

私が小学校に行かなかった日、近所の子に囲まれたのは、私を責めるためではなく、ただ単に心配していたからかもしれません。私が勝手に「責められている」と思っていただけで、本当は、1日学校に行かないだけで地域の子どもたちが来てくれるって凄いことかもと今なら思うのです。

人生は見方を変えるだけで変わる

母子家庭だったこと、見方を変えれば、ものすごくラッキー。もし父がいたら、母は子どもたちだけでなく、父にも愛情を向けていたと思います。でも、父がいない家庭環境だったので、私は母の愛を一心に受けることができました。いつも母にギュッと抱っこしてもらい、ぬくぬくしながら眠り、母のつくるお米と野菜で丈夫な身体を手に入れました。また、私は自己肯定感が高いのですが、母は私に対し、全肯定で深い愛情を注いでくれました。

シングルの家庭では、「この子を片親にしてしまった」と、親が自分を責めてしまうことがあります。しかし、両親がそろっている家庭にはないよさがあるのです。父親に向くはずだった母の愛を、子どもが全部一人占めできることが、その1つです。

苦しい環境の中にいると、しんどさやみじめさを感じます。でも、幸せになる気づきやきっかけを与えてくれる、またとないチャンスとも言えます。

どんなに苦しくても、自分が幸せになろうと思えばなれます。環境が少しも変わらなかったとしても、自分が変わろうと思えば変わることができます。

不幸と幸せは、いつも背中合わせ。幸せを自分のほうに向かせたいと思ったら、やるべきことは簡単です。ニコッと笑顔になる。これだけでＯＫです。なぜなら笑顔は笑顔を引き寄せるからです。

5　笑顔になれない本当のワケ

人間はなかなか変われない

笑顔が幸せを呼ぶ。人生を変える。私はそう思っていますが、中には、「やっぱりそんなにすぐには変わらないし笑顔にはなれない！」という方もたくさんいます。

現代はネガティブ思考になりやすい環境と言われています。ストレス社会で不安が多いし、皆さん、コロナ禍になってからつらい経験、しんどい経験をたくさんしています。生まれた環境、職場環境、夫婦の関係、家族の関係の悩みｅｔｃ…。数えればきりがないくらい、ネガティブになる要素が出てきます。そのような中で、私たちは生きています。

現代は、笑顔が減少する環境の中にいます。

だから、笑顔になれなくても自分を責めないでください。本書を読んでいる時点で自分のことを真摯に見つめて前に進んでいます。

生後４か月で父を亡くした私のように、何か強烈な体験があると、笑顔の重要さや尊さを実感できるかもしれません。しかし、そうした経験がなく暮らしている多くの方々は、笑顔の力に気づくことなく人生を送っています。人間がもともとネガティブ思考であることも意識していません。しなくても十分生活できるからです。

悩みはよいこと

強烈な経験を持っていなくても、人は少なからず、心に傷を持っています。完璧にハッピーな人生を送っている人はいません。誰もが、大なり小なり悩みを抱えています。

悩みがあるのはいけないことだ、と思う方もいるかもしれませんが、悩みはあって当たり前だと思います。問題は、その悩みを抱えたままにしていること。悩みに飲み込まれるか、それとも乗り越えて生きるのか。そこが分かれ目なのです。

バネは、縮めば縮むほど大きく弾みます。人間も同じです。へこめばへこむほど、大きくジャンプできます。生きていれば、へこむことも、悩むことも、苦しむこともあります。それでいいんです。それが人間です。

へこんだ自分を「ダメな自分」だと思う必要はありません。

自分を守ることが大切

自分を責めるのではなく、自分を癒し、誰かに話を聞いてもらったりして、へこんだ自分と上手に付き合っていく。そうすれば、苦しさが軽くなっていき、笑うだけの心の余裕が生まれます。

人が笑えなくなるのは、完璧を目指すあまり、余裕をなくしてしまうからです。休みたいときは「休みたい」と言えばよいのです。つらいときは、休憩していいのです。大切なのは、自分らしくいること。自分が壊れないように、まずは自分を守ってあげてください。

すべては1秒の行動から始まる

そして、少し心にゆとりができてほっとしたら、ほんの1秒、「ニコッ」としてみてください。ささいなことですが、これが「行動を変える」ということなのです。悩み苦しんでいる仏頂面の自分から、笑顔の自分に変わった時点で、行動が変わり、あなたの運命も変わり始めています。

6　笑顔は人生に影響する

先生の一言で運命が変わる

ここまで、私の体験談をもとに笑顔の重要性をお伝えし、笑顔になれない人も自分を責めずに、自分を大切にという話をしてきました。

笑顔が人間関係をよくする、という言葉に、ノーと言う人はいないでしょう。誰もが「そうだ」と同意してくれると思います。では、なぜ、笑顔が人間関係をよくしてくれるのでしょうか？　私の体験談を交えてお伝えします。

私は、元客室乗務員（ＣＡ）です。中学生のときに英語の先生に「川村（旧姓）はスチュワーデスが向いていると思う」と言われたことがありました。飛行場も近くにないし、田舎者の私は、なれるわけがないと胸の中に閉まっていました。

高校3年年生のときに、担任の先生から「おめだち、人生一度きりだ。なになりたいんだ？　しゃべってみろ」（お前たち、人生は一度きりだ。将来は何になりたいの？　話してみなさい）と言われ、「スチュワーデスになりたいです」と答えたのがそもそもの始まりでした。先生は、私の答えをいっさい否定せず、「うん、川村ならなれると思うよ」と励ましてくれました。

環境が影響する

もう1つ、どうしてＣＡになりたかったのか。それには、母の実家の環境が関係しています。母の実家は人がよく出入りする家で、お盆や正月などの行事があるときは、たくさんの人が集まり、宴会が繰り広げられていました。その場に私もよく居合わせていたので、子どものころから人と接するのが好きでした。祖母を含めた母の実家の歓待、いつも温かい雰囲気で笑いがありました。自然とホスピタリティとコミュニケーション力が鍛えられたのです。

ＣＡは、お客様をおもてなしするのが仕事。人が好きな自分にはぴったりだと思ったのです。ＣＡとして現場に出るには、研修を受ける必要があります。飛行機の中でのマナーを、半年間かけて徹底的に学びます。

そこで身につけたのが、どんなときでも笑みを絶やさない「笑顔」でした。

飛行機に乗ったことがある方はわかると思いますが、ＣＡは、いつも笑顔を浮かべています。飛行機が大きく揺れても、お客様間でトラブルが発生しても、不快な印象を与えません。口角を上げ笑顔でいることが、おもてなしのマナーだからです。

笑顔で運命の出会い

私自身、CA時代、何度も笑顔の力を目の当たりにしました。ある日、飛行機に乗り込んで来られるお客様を1人ひとり笑顔でお迎えしていたときのこと。私が勤務していた航空会社は、国内線をメインにしており、飛行機を利用するお客様にはサラリーマンの男性が多くいらっしゃいました。その大半が、疲れた様子で、目も合わせずに黙々と乗り込んで来られるのです。

いつものことなので、あまり気にせず、笑顔であいさつをしていると、サラリーマンの中にたった1人、私の目を見て「おはようございます」と言ってくださった方がいました。そのような方は滅多にいないので、珍しいなと思いました。その後、機内で救命胴衣の説明をしていると、その男性が私のことをじーっと見てくるのです。ほとんどの方がうつむいているか、眠そうにしている中、1人だけ凝視してくるのですから、こちらも何だかドキドキします。

笑顔の威力は絶大

その男性は、私たちCAと向かい合わせの座席に座っていました。私は「じっと見るということは、CAと話したいんだな」と思い、聞かれもしないのに「あそこに富士山が見えますよ」など、せっせとご案内をしていました。もちろん、笑顔です。

その男性こそが、私の夫です。夫は、私から特別扱いをしてもらったと感じ、好感を持ったのだそうです。私にしてみれば、CAのルーティンとして笑顔を実践していたに過ぎなかったのですが、夫はその姿に一目惚れしてくれたのです。

笑顔には、人間関係をぐっと近づけ、生涯の伴侶をも射止める力があると思いました。

7　笑顔で心に余裕を持つコツ

笑顔は相手を受け入れ、承認する効果がある

笑顔は、人に安定と平和をもたらします。笑顔には、相手を受け入れ、承認する効果があります。笑顔を向けてもらえるだけで、人は「共感してもらえた」と思うのです。

聖母マリア様の笑顔を思い浮かべてください。マリア様は、決して大笑いはしていません。うんうんとうなずいてもいません。ただ、口角をちょっぴりあげて微笑んでいます。それだけなのに、なぜだか「受け入れてもらえた」と感じます。

無意識の姿が相手は不安になっている

反面、顔から笑顔がなくなると、とたんに不安定になり、穏やかでなくなります。「どうしたの？」「何かあったの？」と胸がザワザワします。「この人、なんで笑わないんだろう」と気になり始めます。笑顔の人がまわりにたくさんいたとしても、笑顔でない人のほうに意識が向いてしまうのです。

人の話を聞くときに気難しい顔をしていたり、一ミリも笑わないでいたりすることを、「威厳を

保つために重要だ」と思っている方も少なからずいます。でも、相手にとってその姿勢は、不安になり相手は近寄りがたくなり、相手は顔色を伺うこともあります。

身近な相手に与える影響

私はよく、夫とごはんを食べていると「笑顔は安らぐよね～」と言われます。笑顔でいるだけで、夫婦は円満でいられると実感します。

私はつねづね、「世の奥様方は、パートナーが会社に行くとき、なぜ玄関まで行って『行ってらっしゃい』と笑顔で言わないんだろう」と思っています。そうするだけで、朝から幸せな気分になれるし、パートナーは張り切って出かける。とにかくいいことしかないのです。でも、実践している奥様はほんのわずかです。

「男女平等の時代に、そんなの時代遅れ」と思われるかもしれません。でも、ちょっと考えてみて欲しいのです。そもそも自分は、伴侶とどんな関係でいたいのか？　自分が相手より優位に立つことがあなたにとってのいい夫婦関係でしょうか？

コミュニケーションは、勝ち負けではありません。いい関係を築くことがゴールです。負ける人が誰一人いない。みんなで勝つＷＩＮ-ＷＩＮ（双方円満な関係）が、コミュニケーションの本来の姿です。

それでは、夫婦関係でのＷＩＮ-ＷＩＮとは、どんな姿でしょうか。その姿をゴールとするなら、ゴールに行き着くために、自分は何ができるでしょうか。このことを考えていくと、伴侶にとるべき態度が見えてきます。

人は鏡。優しくすれば、相手も自分に優しくしてくれます。マウントを取れば、相手もマウントを取ってきます。

笑顔を向ければ、相手も笑顔を向けてくれて、あなたに余裕を与えてくれます。

8 「魔法の1秒笑顔」でどんな状況も変わる

私は研修で、よく「レンガ職人」の話をします。ご存知の方もいらっしゃるかもしれませんが、改めてご紹介します。

三人のレンガ職人のお話

レンガを積んでいる三人のそばを、旅人が通りかかりました。旅人はその三人に「あなたは何をしているのですか？」と問いかけました。

一人目の職人は、「私は親方の命令でレンガを積んでるんだよ。見ればわかるだろ」と答えました。

二人目の職人は、「私はレンガを積んで塀（へい）を造っているのです。それにお金もいいからね」と答えました。

三人目の職人は、「私はレンガを積んで学校を造っています、そして子ども達が勉強できる施設を多く造ってあげたいのです。子ども達が喜んで勉強する姿が見えるのです」と答えました。

この三人は、レンガを積んでいるという点では、みんな同じです。でも、彼らがつくり出す結果は、それぞれまったく違うものだと思います。結論から言うと正解、不正解はございません。人生の考え方の違いです。

一人目の職人は、いやいやレンガを積んでいることがわかります。きっと、親方が言ったとおりにしかやらないでしょうし、もしかしたら、いやな仕事を早く終わらせるために、手を抜いてしまうかもしれません。いわゆる、作業になっています。

二人目の職人は、言われたことはきちんとやるかもしれませんが、お給料に見合った仕事しかしないでしょう。お給料がもらえなくなったら、レンガを積むことをやめてしまうかもしれません。

三人目の職人は、すばらしい学校をいくつも造るでしょう。親方に命令されなくても、仮にお給料が下がってしまっても、子ども達のためにレンガを積み続けるでしょう。結果的に、多くの子ども達に感謝され、喜んでもらえる人物になるのではないでしょうか。

この話は、環境や条件が同じであっても、考え方次第でまったく別の結果が生まれる、ということを物語るわかりやすい例です。つい、職業柄、三人目の考えを押し付けたくなるのですが、研修で、ディスカッションをしてもらうと一人目は、人から言われながらも、先ずは黙々やっているので偉い！　という意見もあったこともありました。これからの時代は、さまざまな考えを先ずは受け入れることも大切だと気づかされました。

三人のレンガ職人から学ぶ笑顔のあり方

さまざまな考え方があることを受け入れつつ、笑顔にも同じことが言えると思っています。人に恵まれず、やる気をなくしてしまう環境に身を置くと、つい、笑顔になれないことをまわりのせいにしたくなります。一人目のレンガ職人のように、「まわりはこうだから私は笑顔になれないんです。見ればわかるでしょ」と言いたくなります。

でも、三人目のレンガ職人のように考えてみたら、どうでしょうか。「私が笑顔になることで、みんなが幸せになっていく姿が見えるんです」と思って笑顔を続けてみる。すると、恵まれないと思っていた環境が、ダメだと思っていた状況が、どんどん変わっていきます。「まわりがこうだから」と思っていたときにはまったく変わらなかったことが、自分が笑顔になった瞬間から、変わり始めるのです。

断言します。今がどんな状況であっても、あなたの笑顔がすべてをいい方向に変えていってくれる起点になります。

人生は、自分の気持ちのように、表情にも波があります。

笑顔は幸福度のバロメーターであり、自分の考え方と表情で変わりたいと思った瞬間から好転できるのです。

9　笑顔は性格や才能ではなく誰でも手に入るスキル

笑顔に才能は必要ありません

「オリンピック選手となって、金メダルを取ってください」と言われたら、あなたはどうしますか？運動が得意で、学生時代にいくつもの賞を手にしてきた人なら、「よし！　がんばろう！」と思うかもしれません。

多くの人は、「自分にはそんな才能はないし、根性もない」と思うのではないでしょうか。ちなみに、私も、さすがに金メダルはハードルが高いと感じます。

世の中には、才能がないとできないことがあります。性格による向き不向きもあります。オリンピックで金メダルを取ることが、まさにそうでしょう。誰にでもできることではないと思います。

でも、笑顔は違います。性格がどうであっても、秀でた才能がなくても、誰でも身につけることができるスキルです。試しに「にー」と言ってみてください。はい。すでに笑顔をつくることができています。特別な才能は必要ないと思います。

「自分は性格的に笑顔ができない」という人がいます。暗い性格だから、という意味なのかもしれません。でも、これまでの人生でまったく笑ったことがない、という人はいるでしょうか。おそらくいないと思います。ということは、笑顔は誰でもできる、性格は関係ない、ということです。

３章以降で詳しくお伝えしていきますが、笑顔は練習すればできるようになります。歯みがきと同じで、毎日やっていれば習慣化します。歯みがきをするのに才能や性格が関係する！　ということはないように、笑顔もまた、才能も性格も関係ありません。

笑顔は心のバロメーター

どんな人にもできる笑顔。その笑顔ができないなら、何かしらの理由があります。裏を返せば、その理由を突き止め、解消することができれば、誰でも笑顔を取り戻すことができます。

私は、笑顔は「心のサイン」だと思っています。鏡の前に座って、自分に笑顔を向けられないときは、「そろそろ自分をいたわってあげて」というサイン。そのようなときは無理せず、自分を休ませるようにしています。

つい先日、夫から急に、「今日の午後、母が病院に行くのに付き添ってほしい」と言われました。予定を見ると、午後は、資料作成、事務仕事等がすでに入っていました。この予定をずらして、付き添うこともできました。

でも私は、夫にこう言いました。「ごめんなさい。すでに予定が入っているから、今回は付き添うことはできないけれど、事前に言ってくれると、時間をつくれるかもしれないので助かります」。

自分のやりたいことを我慢して夫と母に付き添ったら、きっと二人とも喜んでくれたと思います。でも、その反面、私の中には不満がたまり、モヤモヤが胸いっぱいに広がり、笑顔が消えていったと思います。

あなたは最近、笑いましたか？　自分の心の状態に目を向けていますか？　もしも笑顔ができなくなったとき、相手よりもまず、自分に笑顔を向け、寄り添ってあげてください。笑顔は心のバロメーター。余裕があれば相手優先、しんどいときは心のバロメーターを考えた自分優先の行動が大切です。

10 「魔法の1秒笑顔」でハッピースイッチをオンに

たった1秒、ニコッとするだけ

「ニコッ」とするのに必要な時間は、わずか1秒。私はこれを「1秒笑顔」と呼んでいます。ずっと笑っていなくていいのです。四六時中、笑顔を絶やさない努力をする必要ありません。たった1秒、ニコッとするだけ。これだけで、自分の中に「笑顔スイッチ」が入ります。

人間、疲れるときもあります。落ち込むときもあります。笑顔の大切さを伝えている私も、むっつりしてしまうことがあります。そのようなときは、小言が増えます。人との会話が続かなくなります。それによって、ますますむっつりし、笑顔が消えます。そのまま夜を迎えて、後悔してしまう日もありますが、翌日まで引きずることはしません。一晩眠ってリセット。翌朝には、1秒笑顔でニコッと笑い、笑顔スイッチをオンにします。

照明にも、オン・オフがあります。人の心も同じです。ずっとオンの状態を保つのには無理があります。人生、いろいろなことがあります。そのすべてに笑顔を向けることは、現実的ではありませんし、どこかで無理が生じます。

笑顔の割合を意識していますか

私は、笑顔スイッチがオフのときがあってもいいと思っています。大切なのは、オフの時間よりも、オンの時間を増やすこと。わかりやすく言えば、笑顔の頻度を増やすということです。

１日のうち、70％がオフの時間だとしたら、オンの時間を10％増やすことで、オフの時間を70％から60％に変えることができます。

先ずは自分のグラスを満たそう（シャンパンタワーの法則）

張り切りすぎて、オンの時間を大幅に増やそうとすると、自分が疲れてしまいます。疲れるとやる気をなくしてしまうので、続けることができなくなります。その結果、習慣化が難しくなるのです。

「シャンパンタワーの法則」という考え方があります。シャンパングラスをピラミッドの形に積み上げていき、一番上のグラスにシャンパンを注ぐと、あふれた分が下のグラスに注がれていき、ついには一番底辺のグラスも満たされていきます。

〔シャンパンタワーの法則〕

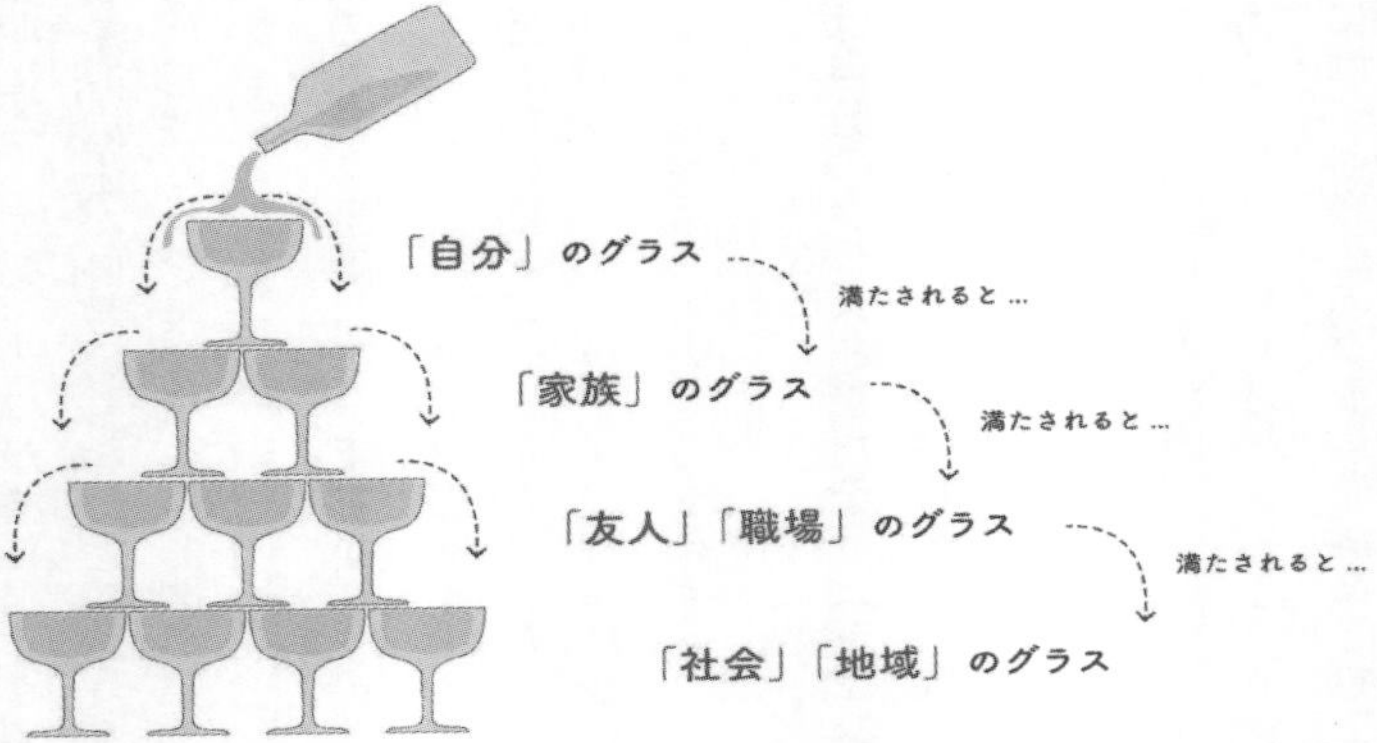

日本ペップトーク普及協会テキスト引用

これを人間関係に例えたのが、シャンパンタワーの法則です。一番上のグラスは、自分。まず自分を満たすことで、自分の身近にいる家族が満たされます。家族が満たされると、家族の身近にいる人たちが満たされます。さらにその人たちの身近にいる人たちが満たされ…という具合に、満たされる連鎖が起きます。その連鎖のスタートとなるのが、自分なのです。

笑顔もそうです。あなたが笑顔でいると、まわりの人は「何かいいことあった?」と聞いてきて、会話が弾みます。「あなたといると幸せになれる」と言ってくれるようになります。自分の人生も、まわりの人生も、二倍も三倍も豊かになっていきます。

マナーとは、思いやりを形にすることだと言いました。そして、最高の思いやりこそが「笑顔」なのです。そのスイッチをオンにする「魔法の1秒笑顔」を、ぜひ体得してみてください。驚くほど、人生が変わります。

第2章　「魔法の1秒笑顔」で、人生を楽しく！（基本編）

1　人は人の笑顔が大好き

好循環が広がる

今日お会いする人に、「○○さん！　お会いできて嬉しいです！」といって笑顔で迎えられたとします。あなたはどんな気分になるでしょうか？　「イヤだな」と思う人はおそらくいないでしょう。人は笑顔が好きです。笑顔を向けられると、この人になら心を開こうと思います。相手に魅力を感じ、好感を持ちます。そして自分も笑顔になります。笑顔↓心を開く↓魅力を感じる↓笑顔になる。そのような好循環が広がるのです。

印象管理を意識していますか？

私はこれまで、さまざまな企業や行政機関で、ビジネスマナーの研修をさせていただいてきました。その中で、「自分の印象は、自分で管理できますよ」とお伝えしてきました。え？　印象って、相手が感じるものだから、自分ではコントロールできないのでは？　と思うかもしれません。でも、できるのです。そして、いったん管理のコツを覚えると、職場はもちろん、いろいろな場で印象をコントロールできるようになります。

約50年前、アメリカの心理学者、アルバート・メラビアンは、何がコミュニケーションに影響を与えるか実験を行いました。その結果、視覚情報がダントツで影響を与えることがわかりました。

例えば、口で「ありがとう」と言っていても、表情が「怒り」の表情であれば、相手は「この人は怒っている」ととらえます。言葉よりも、表情や態度から「この人はこういう人だ」という判断をしがちなのです。

ということは、表情や態度といった「見た目」を変えることで、自分に対する相手の印象をよくも悪くもできる、つまりコントロールできるということなのです。

【メラビアンの法則】

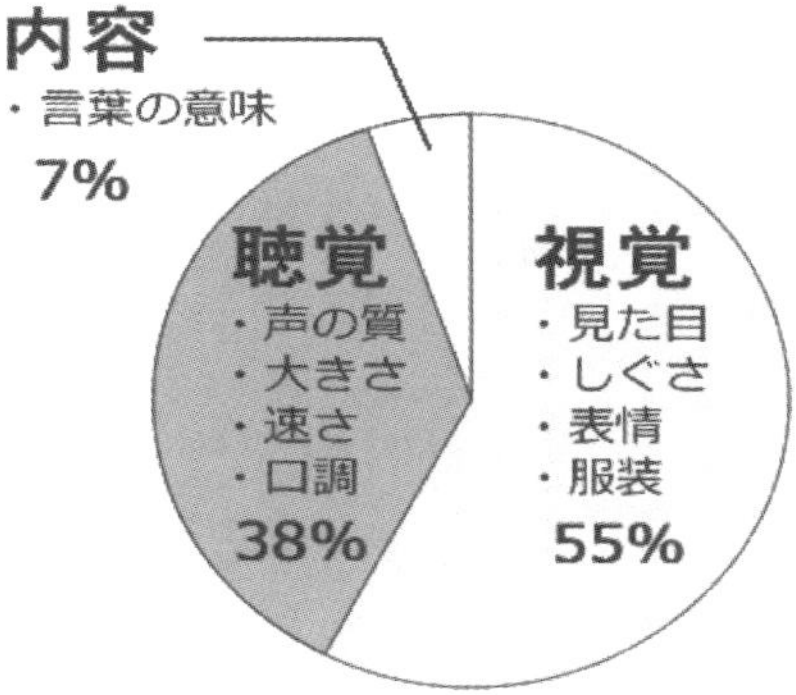

コストはゼロ！　笑顔の威力は絶大！

「見た目」には、服装、身だしなみ、姿勢などが含まれます。「よし、相手に好印象を持たれる服装にしよう！」とすると、服を買うお金がかかります。身だしなみや姿勢も、すぐに変えるのは難しいところがあります。

でも、今すぐにでも変えられて、しかもタダで変えられるものがあります。それが表情、つまり「笑顔」です。

そして、タダなのにもかかわらず、もたらす効果は絶大。費用対効果が非常に高いビジネスマナーと言えるのではないでしょうか。

2　赤ちゃんから学ぶ！　笑顔と感情の関係

安らぎや癒しは人に心地よさを与える

広告業界にいる知人から、このような話を聞いたことがあります。

「どんな広告を打ったらいいか迷ったら、赤ちゃんの写真を使えばいい。必ずヒットするから」

同じ商品やサービスであっても、宣伝物に赤ちゃんを載せるだけで、売れ行きが変わってくるそうです。

なぜ、赤ちゃんの写真にはこんなにも宣伝効果があるのでしょうか。その秘密は、赤ちゃんの「見た目」にあります。赤ちゃんの姿を見ているだけで私たちは安らぎを感じます。さらにニコッと笑うと、みんなが幸せな気分になります。希望の象徴のような姿にいやされ、心がゆるみ、そしてお財布もゆるむのです。

デール・カーネギーの言葉に「笑顔は1ドルの元手もいらないが、100万ドルの価値を生み出してくれる」とあります。

安らぎや癒しは、人に心地よさを与えます。もし、同じ商品を売る人が目の前に二人いたら、笑顔の人、そうでない人、どちらから商品を買おうと思うでしょうか。圧倒的に「笑顔の人から買いたくなる」のではないでしょうか。

感情には段階がある

このように、笑顔には人の感情を変え、行動の変化を引き起こすパワーがあります。なぜ、大きなパワーがあるのでしょうか。それは、笑顔と感情の関係性に目を向けるとわかってきます。

人の感情には、22段階あると言われています。「エイブラハムの感情スケール」と言って、感情をエネルギーの高いものから順に並べていくと、22段階に分けられる、というものです。

〔感情のスケール〕

1. 喜び／気づき／力があるという感覚／自由／愛／感謝
2. 情熱
3. 熱意／意欲／幸福
4. 前向きな期待／信念
5. 楽観的な姿勢
6. 希望
7. 満足
8. 退屈
9. 悲観的な姿勢
10. 不満／苛立ち／焦り
11. 打ちのめされている状態
12. 失望
13. 疑い
14. 心配
15. 非難
16. 落胆
17. 怒り
18. 復讐心
19. 嫌悪／憤り
20. 嫉妬
21. 不安／罪悪感／自信喪失
22. 恐れ／悲しみ／うつ状態／絶望／無力感

下のほうにある感情は、エネルギーが低いものです。恐れ、不安、嫉妬、嫌悪など、いずれもネガティブな感情で、人を萎縮させ、行動することを阻みます。

一方、愛、感謝、喜びは、非常に高い波動を持っています。この感情を抱いているときは、人はポジティブになり、行動的になります。

いかがでしょう。赤ちゃんの笑顔を見たとき、あなたはどんな感情を抱きますか？　おそらく、高い波動の感情を抱くのではないでしょうか。感情のスケールを見ると、ポジティブな感情よりも、ネガティブな感情のほうが多いことがわかります。そのような中、笑顔は一瞬にして、人をネガティブからポジティブへと変えてくれるのです。

人の中にあるポジティブな高い波動の感情を、いかに引き起こすか。そのカギとなるのが笑顔なのです。

3　誰でも笑顔になれる3つのレッスン

3つの笑顔レッスン

笑顔が不得意な方や、写真に写ったとき、笑っているのに笑っていないように見える方でも、すぐに笑顔になれる「顔の筋肉の鍛え方」があります。３つありますので、ご紹介します。

眉毛↓目↓口を動かす（表情筋トレーニング）

①眉を上下に動かす↓喜び上手は愛され上手

鏡を見ながら眉で喜びや驚きを表すイメージで、上下に動かします。

②目をウインク↓目は心の窓

片方ずつ目を閉じ、パチンパチンとウインクします。

③舌をグルグル↓口元に品格が出る

舌で口の中をお掃除するように、グルグルと動かします。左右まわりに十回が目安です。

以上です。え？　それだけ？　と思われるかもしれませんが、これで十分です。なぜなら、これらは顔の筋肉を鍛える上で、とても理にかなったレッスンだからです。

人は表情をつくるとき、眉、目、口を動かします。つまり、眉、目、口を動かす筋肉を鍛えると、いろいろな表情をつくることができます。眉、目、口、タテのラインにある部位を動かすことが、顔の筋肉をトレーニングするのに効果的なのです。

３つのレッスンをやってみると、顔の血流がよくなり、ほぐれているのがわかると思います。顔の筋肉が鍛えられている証拠です。

ひょっとこ運動

もう1つ、顔の筋トレになる動きをご紹介します。「ひょっとこ」です。口をすぼめて左右に動かしてみてください。うまくひょっとこの表情ができれば、普段から顔の筋肉が鍛えられています。できない方は、ひょっとこをめざして日々口を動かしていると、できるようになっていきます。運転中の信号待ちでもおすすめです。もちろん、近くで運転している方ともしも目があってもにっこり微笑みましょう。恥ずかしいかもしれませんが、きっと社会が明るくなります。

他に、割り箸を加えて口角をきゅっと上げる筋トレもありますが、そこまでしなくても、三つの笑顔レッスンやひょっとこをやっているだけで、笑顔をつくる筋肉が鍛えられていきます。朝や夜、鏡を見るタイミングで、ほんの1~2分でいいので取り組んでみてください。確実に表情に変化が表れます。また日ごろから、喜怒哀楽をしっかりと表すことも表情が豊かになる秘訣です。

撮影の際にみんなが笑顔になる方法

大人数でも個人でも、撮影する際に写真が苦手で笑顔になれないと耳にします。笑顔と撮影は密接です。先日、あるイベントでカメラマンの方が笑顔になる集合写真をしてくださいました。撮影の際に語尾が「い~」と開けられると笑顔になります。

例えば、ハッピー、ラッキー、クッキーなど口にしてみてください。そのときに、掛け声は、リーダーの「アイラブ」に合わせみんなで「せんだい~」一瞬で笑顔になって一体感が生まれたのです。

エリアや職場の環境で語尾を「い〜」で終わるものを入れると盛り上がりますのでおすすめです。

4　笑顔には3つの段階がある

笑顔というと、歯を見せてニコニコしている表情を思い浮かべると思います。実は笑顔には、少なくとも3つの段階があります。いきなり笑顔をするのはちょっと…という方も、段階を追って笑顔をつくるようにしていくと、笑顔が上手になっていきます。

笑顔の段階

第1段階＝スタンバイスマイル

口角を上げた「微笑み」の状態です。スタンバイとはどのような意味でしょう？　そうです。準備、待機という意味です。誰かと会話する前にこのスマイルを浮かべると、相手から話しかけられやすくなったり、会話の滑り出しがスムーズになります。

第2段階＝ハーフスマイル

上の歯を見せて笑います。上下の歯の上の部分ですのでハーフスマイルです。相手の話に耳を傾けているときにこのスマイルをすると、相手は「ちゃんと話を聞いてくれている」と思い、嬉しくなります。多くの方々が好む笑顔です。

第3段階＝フルスマイル

いわゆる「満面の笑み」です。会話をしているときに、相手の喜びに共感や同調するとき、この笑顔をすると、相手のことを受け入れる「承認」の気持ちが伝わります。サービス業では大歓迎を伝えたいときに有効です。

後の章で詳しくお伝えしますが、誰に対してもフルスマイルすれば万事うまくいく、というわけではありません。人によっては、ハーフスマイルのほうを好んだり、心地よさを感じてくれたりします。地域性や相手の状況に合わせたスマイルをご提供するためにも、笑顔の三段階をぜひマスターしてみてください。

5　喜怒哀楽は相手のため

人は見た目が九割、笑顔は身だしなみです、とお伝えすると、「四六時中笑っていなくてはいけないの？」と思う方がいらっしゃいます。結論を言うと、ずっと笑顔でいなくてもかまいま

表情3段階

①スタンバイスマイル

②ハーフスマイル

③フルスマイル

せん。時と場所に応じて笑顔スイッチを入れることができれば、それでＯＫなのです。

人は感情の生き物です。嬉しいとき、楽しいときもあれば、悲しいとき、しんどいときもあります。とても笑ってなんかいられないときもあるでしょう。そのようなときは、「表情で甘える」というのも1つの方法です。表情で甘えるとは、喜怒哀楽を表情に表すということです。

助けを呼んでいい

例えば、今日はつらいな、という日は、つらそうな表情をする。すると、周囲が「この人、つらそうだな」ということに気づきます。そして、「何かあったんですか？」と声をかけてくれたり、手助けしてくれたりします。やり過ぎは、めんどうな人と思われるので注意は必要です。

日本人はがんばり屋さんです。つらいことがあってもぐっとがまんし、つらさを表に出さないようにする傾向があります。平気な顔をしていると、周囲の人は「この人は大丈夫なんだ」と思うので、つらさに気づいてもらいにくくなります。その結果、他人の助けを得られなくなります。

助けてもらえないと、つらさはさらに増します。すると、「私、こんなにやっているのに、誰も助けてくれない」という気持ちになってくるのです。明らかにつらそうなのに、体中から負のオーラを出しながら、無表情で「大丈夫」と言っている人、まわりにいませんか？　がまん強いのは長所の１つだと思いますが、負のオーラを出し続けていると、「あの人、何だかわからないけど近寄りがたい」となってしまいます。

プライベートではわかりやすい人になる

私は、しんどいときはしんどい表情、困っているときは困っている表情をします。先日、とてもハードに仕事をした日、つらそうな表情をして「今日はしんどいの」と言うと、夫が食器を洗ってくれました。

喜怒哀楽を表情に出すということは、相手に自分のことを「わかりやすく伝える」ということです。つらさやしんどさを表に出すと、相手に心配をかけてしまう、と思うかもしれませんが。実は、相手のためになることもあります。わかりやすい人はコミュニケーション上手です。

もし、困っている人がまわりにいて、あなたがその人を助けることができたら、どんな気持ちになるでしょうか。助けた結果、相手から「ありがとう!」と言ってもらったら、いかがでしょうか。とても嬉しい気持ちになるし、誰かの役に立てた!という喜びを感じます。人からほめられたい、喜んでもらいたいという「承認欲求」が満たされ、いい気分になるのです。

助けあいの場を生み出す

心配をかけることは、相手に「承認欲求を満たすチャンス」をもたらしていると言い換えることができます。ビジネスの世界では、「スマイルマナー」と言って悲しい、つらい顔を見せないようにすると言われています。

お客様には、表情の管理は必要です。時代は変化し少ない人数で生産性を上げるにはプライベートや職場では、〝ここぞという必要な場面〟で喜怒哀楽をはっきり表情で表せる人は、相手の承認欲求を満たす名人、助けあいの場を生み出す名人とも言えるかもしれません。

6 1人でがんばらない、自分を守る

壁ドンした母親の気持ち

あるお母さんが、子育てでしんどい気持ちを内にため込んでしまい、イライラに任せて家の壁をドン! とたたいてしまったことがあります。その翌日、小さなお子さんが、かんしゃくを起こして、小さな手で壁をドン! とたたいたそうです。

お母さんのしたことが、そっくりそのまま子どもに伝染してしまったのです。

笑顔は人に伝染しますが、イライラの壁ドンもまた、人に伝染します。でも、伝染するだけならまだよいかもしれません。避けたいのは、壁をドンしたお母さんが、そのような自分を責めてしまうこと。「私のせいで、子どもが壁をたたいてしまった……」とますますしんどさを抱え込み、自信をなくしてしまうことが一番の問題なのです。

子育て中、会社の上司、経営者は、「誰かを育てることに責任を負っている人」です。こうした方々に共通しているのが、1人でがんばる、という行動です。母親なんだから、いつも笑顔で心を広く持っていなければならない、上司なんだから、部下に頼られる存在でなければならない、経営者な

んだから、社員に心配をかけてはいけない。そのような考え方から、ついがんばりすぎてしまい、自分自身を追い詰めてしまうのです。

自分を責めているな、と感じたときは、自分の機嫌は自分でとり、自分の心と身体を大切に守ってほしいのです。辛いときは自分で自分を承認し自分をハグしながら「よしよし笑顔」をしてみてください。「よくやっているね」「がんばっているね」と、自分に笑顔を向けてあげるのです。気持ちがふっとラクになります。

コミュニケーションはゴールを決めることが重要

私は以前、夫の言葉に一喜一憂していた時期がありました。私が言われたくないことを言ってくることがときどきありました。そのようなとき私は、その言葉に反応し、不愉快になり、ムッとしていたりしました。でも、よく考えてみると、私はムッとしたくて夫と結婚したわけではないのです。夫と仲よくし、いっしょに幸せになる。これが私の手に入れたいことであり、夫婦生活のゴールなのです。それ以来、気になることを言われても、以前よりは反応しなくなりました。

企業研修に入らせていただくとき、管理職や経営者の方々に「コミュニケーションのゴールを決めましょう」とお伝えしています。部下と平和的な関係を築くのがゴールであれば、部下の言葉や態度に反応してカチンときたり怒ったりするのではなく、聞き入れる。あるいは、どのようにして欲しいのか伝える。こうすることで、部下との間に決定的な亀裂を生じさせることなく、コミュニケーションをとることができます。

ゴール決めは、よい職場づくりのために上司が発揮できるマネジメントです。職場でも家庭でも自分がどんな人間関係をつくりたいのか。どのような気分で毎日を過ごしたいのか。それを決めるだけで、あなたの言葉選びも態度も表情も、すべて変わっていきます。

7　心の声に耳を傾ける

やりがいを失うとき

日本では、おおよそ三組に一組のカップルが離婚している、と言われています。その原因の１つが、「ゴールが見えていない」ことにあるのではないかと思っています。

夫と結婚し、ＣＡの仕事を退き、専業主婦をしていたころ、私はストレスだらけでした。ＣＡという華やかな仕事に就き、たくさんの人と接する楽しさを味わっていた私は、それを手放して家庭に入った途端、やりがいを失ったのです。朝起きてから夜寝るまで、口をきいた人は五本の指で数えられるほど。「今日は2〜3人としか話していない……」という日々が続きました。

あの頃の私は、Ｔシャツ一枚買うときにも涙が出るほど、情けない気持ちでいっぱいだったのです。

貯金はありましたが、自らお金を生み出せないストレスが溜まっていました。ＣＡ時代は、自分のお金で何でも買えたのに、主婦になった途端、夫のお金でものを買わなければならない。そのことに、自分のプライドが傷ついたのです。

モヤモヤ状態だった子育て期

そのような中、私はだんだん、こう思うようになっていきました。「私の人生、こんなことでいいの？」「主婦になってから、私、ぜんぜん社会の役に立てていない。終わってるよね」

この思いから逃れるため、私は幼い子どもがいてもできる在宅の英語教室を開きました。そのような折、夫の父が脳梗塞で倒れ、寝たきり生活になってしまったのです。以来、夫の実家に行くたびに、義父の食事介助をしたり、身の回りのお世話をする生活が始まりました。

ところが、介護の知識も技術も何もない私に、まともなことはできません。そこで、ヘルパーの資格を取得し、義父の介護にその資格を活かせるよう、子どもが幼稚園に行っている間、グループホームに行き、ヘルパーとして仕事をしました。

ヘルパーの仕事はやりがいはありましたが、心からやりたい仕事だったかというと、そうではなかった気がします。だから満たされないし、表面上は笑顔ですがモヤモヤを抱えていました。しかも、夫が家の掃除や家事についてあれこれ口を出してくるものですから、不満はたまっていました。

思い返してみると、夫もまた、仕事がとても多忙な時期で、帰宅は深夜になっていたため、そのストレスを家の中に持ち込んでいただけでした。ところが私は、表面は笑顔でも心の中ではモヤモヤを抱えて、夫の立場など理解する心の余裕はなく、被害者意識が強かったのです。

自分と向き合う

そのような状態から抜け出すことができたのは、自分の心の声に耳を傾けたからです。「私が本当にやりたいことは何だろう…」。そう問いかけたとき、「CAに教える教官になりたい」という夢が蘇りました。そして、教官に近い仕事が講師業だということにも思い至りました。私がいま、講師として研修やセミナーを行っているのは、そのような背景があったからです。

当時は不平不満をもらし、自分の人生を生きていませんでした。人と比べることばかりに目を向け、自分がやりたいことにフォーカスできていなかったのです。

あなたが今の人生に不満を抱いているのであれば、自分に素直になって、内側から聞こえてくる心の声に耳を傾けてみませんか？そうすることで、笑顔が増える自分らしい人生が開けるのではないでしょうか。

8　笑顔はゴールを目指すためのアシスタント

ゴールに向かい、人生の道のりを歩き始めると、さまざまなことが起こります。やりたいことがあっても、子育てや親の介護で思うようにいかなかったり、望んだ仕事に就けなかったり。そのようなとき、あなたを助けてくれるよきアシスタントが、「魔法の1秒笑顔」です。

多くの人は、「初めて」の場面に遭遇したとき、笑顔を忘れがちです。例えば、初めてのＰＴＡ、初めての職場など。初対面の人ばかりのところで、満面の笑みで「こんにちは」と言っている人には、ほとんど会ったことがありません。

笑顔がチャンスを呼ぶ

でも、そのようなときこそチャンスなのです。緊張しがちな場面で、あなたがニコッと笑って、「初めまして。私は○○と申します」とあいさつしたら、相手はどんな印象を持つでしょうか。きっと「ステキな人だな」と思ってくれるでしょう。

私は、初めての方と名刺交換するとき、笑顔であいさつすることと、相手の名前を呼ぶことを心がけています。名刺をいただいたとき、「○○さんですね」と、声に出してお名前を呼んでいます。すると、相手は「自分に興味を持ってくれている」と思うし、大切にしてもらえていると感じます。逆に、名刺だけ受け取り、目も合わせずにそそくさと去っていかれたら、自分のことをないがしろにされた、と思ってしまうのです。

笑顔で自分と向き合ってくれた人は、記憶に残ります。あとから名刺を見返したときに、「この人、誰だっけ？」と思われるのと、「ああ、笑顔であいさつしてくれた人だ」と思われるのとでは、どちらがその後の展開が楽しみでしょうか？

髪を整え、メイクをし、さわやかな服装をして初めての場所に出かける。そして、「魔法の１秒笑顔」でスイッチを入れ、お会いする人と笑顔で会話する。たったこれだけで、特別なテクニックを使わなくても、いい関係づくりをすることができます。

相手に興味を持つことで笑顔が倍増

もし可能なら、笑顔をプラス、相手が大切にしているキーワードを口にしてみてください。名刺には、会社名や肩書きのほか、キャッチフレーズのようなことが書いてあったり、趣味や出身地が書いてある場合があります。そのようなときは、すかさずそれを声に出して読んでみてください。「ゴルフが趣味。へえ～そうなんですね～」。これだけでＯＫ。大切なことに関心を向けられると、誰だって嬉しい気持ちになります。

時々、自分のＰＲを全開でする方がいらっしゃいますが、逆効果です。まずは相手に興味・関心を持つことがスマイルコミュニケーションの第一歩。ＰＲしなくても自分に喜びをもたらしてくれた人として、相手はあなたのことを記憶してくれるでしょう。

9　笑顔の輪が広がる「心のノック」

心のノックとは

もし、誰かがあなたの部屋にノックもなしに入ってきたら、どう思うでしょうか？「ちょっとちょっと、いきなり入ってこないでよ」と思うのではないでしょうか。

家族であれ、友人であれ、部屋に入るときにノックをするのは、人間関係を良好にするマナーの1つと認識されています。ですから、ほとんどの人がノックをしますし、当たり前のことだと思っています。

ところが私たちは、日常生活の中で、ノックもせずに相手の部屋にずかずかと入り込むことをよくやっています。「え？　私はそんなことしていない」と思っている方でも、ついやってしまってしまう傾向があります。

私たちが思いがけずやってしまっていること。それは、心の部屋にノックなしで入ることです。例えば、このような言葉がけです。

ちょっとした一言が笑顔につながる秘訣

「今日はお皿洗ってよ。この前は私がやったし、買い物に行ったのも私だからね」

「また靴下脱ぎっぱなしにしている。だらしないんだから」

もしあなたが、このような言葉をかけられたら、お皿を洗おうと思うでしょうか？　脱ぎっぱなしの靴下を片づけようと思うでしょうか。

相手の置かれている状況を確認することもせず、いきなり「してほしいこと」を要求してしまうと、多くの場合、反発されます。そして、関係性が悪くなります。

してほしいことをしてもらうためには、まず相手の立場に立つことが必要です。もしかしたら、疲れているかもしれません。別のことに手を取られ、身の回りの片づけができていないだけかもしれません。まず、心のノックをして、そうしたことに配慮するのです。

「いまちょっといい？　今日はお皿洗ってもらえるとうれしいんだけど、どうかな？」

「疲れているところごめんね。この靴下の片づけをお願いしても大丈夫？」

このように、お願い事をする前に、本題に入る前の「ノック言葉」をつけるのです。ビジネスマナーでは、クッション言葉とも言います。「いまちょっといい？」「疲れているところごめんね」などです。座るときに、クッションがあると座りやすくなりますね。会話の中にクッション言葉が入ることで人間関係の潤滑油になります。自分がやったほうが早いと思って何もアクションしなければ、状況は変わりません。

たった一言、クッション言葉を付け加えるだけなのですが、効果は絶大です。相手が気持ちよく動いてくれますし、もし動いてくれなくても、関係性が悪くなることはありません。

そして、してほしいことをやってくれたら、「ありがとう。本当に助かった！」と笑顔で感謝する。お礼を言われると人はうれしくなりますから、相手も笑顔になります。

家庭でも職場でも、「ノック言葉」クッション言葉を使うだけで、笑顔の輪が広がっていきます。お願いごとを気持ちよく頼んだり、引き受けたりする雰囲気ができます。

相手がイヤイヤするのではなく、喜んでやってくれるような声かけの工夫が「ノック言葉」。クッション言葉を心がけたいですね。私は、この声がけによって、夫が洗濯物を畳んでくれるようになり、今では言わなくても夫の分担作業になりました。

ごきげん診断！　笑顔チェックシート

ここまで、笑顔がもたらす効果についてお伝えしてきました。ところであなたは、笑顔ができていますか？

私がよく口にするキャッチフレーズに「笑顔三割増し」という言葉があります。笑顔を二倍や三倍にするのはしんどいかもしれませんが、いつもより三割増しくらいであれば、無理なく取り組めるからです。

人間は、急な変化に弱い生き物です。ですから、無理をして笑顔の量を増やそうとしたり、急にフルスマイルをしようとすると、途中で息切れをしてしまいます。

笑顔は、全力疾走ではなく、ウオーキング。それくらいの感覚で、自然に笑顔になってくださることを願っています。

自分の笑顔の現在地を知る

ところで、自分がどのくらい笑顔ができているか、知りたくありませんか？　それをチェックできる診断シートをご用意しました。まずは一回やってみてください。そして、定期的にチェックして、自分の笑顔の現在地を把握してみてください。

ちなみに、チェックシートを使うときのポイントは、点数が悪いからといってがっかりしないこと。いまの笑顔度が低いというだけのことですから、これから少しずつ改善していけばよいのです。

「よくできている」と答えた項目は、習慣化しているところです。「要努力」の項目は、あなたが普段意識できていないところかもしれません。逆に言えば、そこを改善することで、笑顔三割増しはもちろん、笑顔の達人に近づけるのではないでしょうか。

鏡の前で笑顔になる回数を一～二回増やす。ぼ～っとしがちなときはスタンバイスマイルを試してみる。そのようなことでよいと思います。「よくできている」と答えられる項目を増やし、ご機嫌に毎日を過ごしていきたいですね。

〔診断シート〕

よくできている◎、できている○、要努力△

	内容	◎	○	△
1	鏡は笑顔で見ていますか？（手洗い・メイク・ひげそりなど）			
2	就寝時は、感謝の心を大切に笑顔寝していますか？（幸せの秘訣）			
3	自分の最高笑顔(キメスマイル)をもっていますか？（鏡で確認）			
4	常にスタンバイスマイル（口角を上げる）はできていますか？			
5	笑顔の段階は使い分けていますか？（スタンバイ・ハーフなど）			
6	共感表情はできていますか？（悲しい・つらいなど）お詫びの表情心をこめて			
7	他人のお祝い事に対し、祝福笑顔は最高の演出（サプライズ好き）でできていますか？			
8	笑顔の効果を5つ言えますか？（◎5つ言える、○3～4つ言える、△0～2つ言える）			
9	自分が凹んだときに、よしよし笑顔（自分をハグ）して癒していますか？			
10	周囲に対してスマイルマナー＆勇気づけ笑顔ができていますか？			

例） 4/7 ◎⇒5個	/ ◎⇒ 個	/ ◎⇒ 個

第3章　「魔法の1秒笑顔」で、暮らしの中で笑顔の習慣化（実践編）

1　朝起きたら、空に「ありがとう！」とあいさつ

さあ、ここからは、笑顔の実践編に入りましょう。笑顔を日常生活の中でどう活かしていくか、その方法やテクニックをたくさんご紹介していきます。

皆さんは、毎日、どのような朝を迎えていますか？　日本は、世界でも指折りの睡眠時間が短い国。「疲れがとれなくて、朝はいつもだるい」「寝起きが悪くてぐずぐずしている」という方、多いのではないでしょうか？

朝が肝心

朝は1日の始まりです。できれば、気分よく1日をスタートさせたいですよね。そこでおすすめなのが、「朝起きたら、空にあいさつする」です。単に「おはよう」と言うのではありません。空に向かって「やったー！　今日もよい1日になりました。ありがとうございます！」と言います。

習慣化するためには、毎朝カーテンや窓を開けるときに行うように心がけてください（窓がない場合は、ベッドの中で背伸び、天井に向かってもOK！）。

え？　1日の始まりなのに、過去形で言うの？　と思われたかもしれません。はい。そうなのです。未来のこともすでに起きた過去のこととして現在完了形で言うのです。

先にお祝いしましょう

「予祝（よしゅく）」という言葉をご存知でしょうか。簡単に言うと、「前祝い」です。お祝いは、何かおめでたいことが起こったり、うれしい出来事を喜び合うために行うものですが、予祝は、おめでたいことが起こる前に、それが「すでに起こった」と想定して行うお祝いです。

農耕文化を持つ日本では、豊作を祈って予祝の行事を行ってきました。その1つが「お花見」と言われています。春、桜をながめながら乾杯したり、おいしいものを食べたりすることが、日本の風物詩にもなっていますが、もともとは、秋の豊作をあらかじめ祝うものだったと言われています。

この予祝がいま、注目を浴びています。スポーツ選手が勝利の前祝いをしたところ、本当に勝った、業績の振るわなかった会社が成功をお祝いしたら、本当に成功したなど、さまざまな効果を生んでいるからです（『前祝いの法則（ひすいこたろう、大嶋啓介・著／フォレスト出版）より）。

この予祝を、日常生活に取り入れたのが「空にあいさつ」です。今日1日をよい日にするには、すでによい日になったと想定し、朝一番にそれを祝うのです。だから現在完了形なのです。

視野を広げよう！

朝から「ああ、いやだな……」とうなだれていると、よくなるものもよくなりません。それに、うなだれると、地面の一点にだけ目が行き、視野がせまくなります。でも、顔を上げると、視野がぱっと広がり笑顔道につながります。

空を見上げて、気持ちいいな〜と思いながら、「今日もいい１日になりました！」と笑顔で言ってみてください。空はこんなに広いんだ、私の悩みなんてちっぽけだなあ、と思えたら、あなたの１日は確実に「いい１日」になります。起き上がってやってもよいですし、天井に向かって寝転がったままでもＯＫです。

★「魔法の1秒笑顔」―暮らし編　その1
朝、起きたら「今日もいい1日になりました！　ありがとうございました」笑顔であいさつ

2　笑顔洗いで美人になれる

表情筋トレーニングを、定期的にやっている、という方はどのくらいいらっしゃるでしょうか？例えば、「あら、もう午後3時だわ。表情筋トレーニングしなきゃ」という方がいらしたら、ぜひお会いしてみたいです。きっとステキな方だと思います。

多くの人は、腹筋は鍛えても、わざわざ表情筋は鍛えていないと思います。そもそも、顔の筋トレをする、という意識がないかもしれませんね。

まずは鏡を見るところから

考えてみてください。顔は体の中で、最も人に見られているところです。腹筋は服に隠れて見えませんが、顔はいつだって丸裸。だからこそトレーニングをして、豊かな表情ができる顔にしておいたほうが、印象アップに結びつきます。

とはいえ、トレーニングジムに通うように、「よし！　これから表情筋トレーニングに行ってきます！」とはいきませんよね。だから、トレーニングジムに通う代わりに、朝の洗顔で表情筋トレーニングをするのです。そもそも、鏡をじっくり見る機会も少ないという方は多いので鏡を見る、自分を観察するところからスタートです。

鏡は笑顔で見ましょう

朝の洗顔は、鏡を見るところからがスタートです。ところで皆さんは、鏡を見るとき、どのような顔で見ていますか？　もしかして、無表情だったり、難しい顔をして見ていませんか？　私は以前、企業研修や講演会で「鏡を笑顔で見ますか？」と質問したことがあります。すると会場はシーン…。女性は9割、男性だとほぼ10割、鏡を見るときに笑っていないことがわかりました。

鏡は、しかめっ面で見るよりも、笑顔で見たほうが、断然幸せになれます。私は子どものころ、当時大人気だった二人組の女性アイドルになりたくて、笑顔で鏡を見ては、「こっちの表情がいいかしら？　それともこっちかしら？」と笑顔研究に没頭していました。とても楽しかったのを覚えています。

朝は忙しいから、下を向いて急いでわ～っと顔を洗っています、という方が多いと思います。でも、朝の貴重な時間だからこそ、洗顔フォームで、1分くらいふわふわっと顔を包み込み、笑顔で洗顔してみてください。このとき、表情筋が鍛えられるのです。無表情だと顔の筋肉は動きませんが、笑顔になると動きます。

加えて、泡に包まれながら笑っている自分の姿を鏡で見ると、なんだか笑えてきます。楽しくなり、自然と笑顔になれます。それだけで、美人顔が完成です！

好きな歌を歌いながらの「鼻歌洗顔」もＯＫ。さらに表情筋が動きますし、明るい気分になります。「さあ今日もがんばろう！」という気持ちがわいてきますよ。

★「魔法の1秒笑顔」ー暮らし編　その2
鏡を見ながら、ふわふわ笑顔洗顔する

3　笑顔で食べれば美味しさ10倍

どんなにおいしい食事でも、むっつりして食べるとおいしさを感じません。でも、笑顔で食べると、普通の料理であっても最高においしく感じます。「これ、おいしいね」「いいわね」など、笑い合って食べることが、食事を何倍もおいしくするポイントです。

以前、子育てママから、「忙しくて子どもに冷凍食品を食べさせていることに、罪悪感を感じる」と聞いたことがあります。手づくりのごはんをつくってあげられないことで、自分を責めていたのです。

カンペキよりゴキゲンを目指す

一方、どんなに多忙でも、冷凍食品を使わず、手づくりのごはんをつくり続けているママもいます。子どもの健康のために、絶対手を抜かない、という信念を感じます。もちろん、それはすばらしいことです！ でも、手づくりにしんどさを感じたり、無理をしているママも少なくありません。

私はそのようなママのみなさんに、こうお伝えしています。

「完璧なママより、ご機嫌なママでいてくださいね」

食材にこだわって、調理法にこだわって、完璧なお料理をつくったとしても、ママが疲れ切った表情で、「私、こんなにがんばってつくったんだから、残さず食べてよね」と言わんばかりに食卓に出されたら、せっかくのごはんがおいしくなくなります。それが続くと、家族も疲弊します。

私が主婦だったころ、幼かった娘が「ほかほか弁当って、なに？」と聞いてきたことがあります。ご近所のお子さんが「ママ～、今日はほかほか弁当だよね」と言っていたのを聞いていたからです。

当時、私は、ほかほか弁当を子どもに食べさせたことがありませんでした。

でも、こだわり過ぎは、こんなに私はやっているのに……。自分の心も元気がなくなり結果的に子どもに八つ当たりをしては本末転倒です。

完全な手づくりごはんを出すよりも、ママがニコニコしているほうが健全だと思っています。だから、冷凍食品ありです。出来合いのお惣菜ありです。ママがしんどくなるくらいなら、便利なものを上手に使っていったほうが、家庭はハッピーです。

便利なものは上手に活用

冷凍食品やお惣菜を使うことに罪悪感を抱き、いつも苦しそうな顔をしているママには、「ママは楽していいですよ。レンジでチン！　上手に取り入れましょうよ」と伝えます。「今日のお弁当には新作の○○が入っているから感想、聞かせてね！」と、ママがアハハと笑っていれば、子どもたちはお弁当を喜んで食べてくれて、「おいしかったよ！」と言ってくれるのではないでしょうか。

夕飯もオール手づくりで頑張れるときもあれば、今は便利な時代ですから自分の心身を守るために、家族の笑顔を守るためにも、賢いママは上手に活用していきましょう。

そもそも、冷凍食品はとれたて、つくりたての新鮮な風味や栄養素がそのままの状態で保存されています。私は秋田県の田舎で母の手づくり野菜で育ち固定観念がありますが、生野菜をまとめ買いして野菜室で腐敗させてしまうことがあります。

食べることは生きること、食生活は１日３回、こころと体のバランスを整えるために、いざというときの常備食も工夫し便利なものは上手に活用しましょう。

★「魔法の1秒笑顔」―暮らし編　その3
ごはんのときはニコニコ笑って食べる。ママはラクをしてもいい

4 「魔法の1秒笑顔」！　笑顔メイクのコツ

自分のいいとこ見つけてニコニコ

「ああ、ここに白髪が…」「やだ、こんなところにシミが…」「こんなにほうれい線が目立ってる…」と、自分のイケていないところばかりに目を向けていませんか？

年齢を重ねると、確かに気になるところが増えます。でも、あなたの顔は、気になるところだらけでしょうか？　いいところやステキなところも、たくさんあるのではないでしょうか。

私は鏡を見るのが好きなので、そのたびに、シワやお肌の衰えを発見して、「あらやだ」となっています。でも、それだけでは終わりません。「わたしって、けっこう色白よね」「お肌もいい調子」など、自分のいいところを見つけてニコニコします。

笑顔は最高のメイク

この自己満足、ニコニコがポイント。これだけで笑顔メイクは完了です。え？　まだ何もメイクしていないじゃない、と思うかもしれませんが、笑顔メイクとはすばり、ニコニコすることなのです。どんなに入念にメイクするよりも、ニコッと笑顔をするほうが、何倍も自分の魅力を引き出してくれるからです。

ばっちりメイクをしてむっつりしているより、そこそこメイクでも笑顔でいるほうが、愛嬌があると思いませんか？つまり、笑顔は最高のメイクなのです。

「でも杉浦さん、私の顔には、いいところがないんです」「そもそも、自分の顔が好きではありません」とおっしゃる方もいます。私はそのような方々に、「みんなそう思っていますよ」とお伝えしています。自分の顔が好きで好きでたまらない、という人より、自分の顔のここがイヤだ、と思っている人のほうが圧倒的に多いのです。

でも、どんな顔であろうと、自分の顔とは一生付き合っていきます。生涯付き合いする相棒なのです。そのような顔に対し、イケていないところにダメ出しを続ける。そんな毎日が幸せかどうかというと、答えは明白ですよね。

自分のいいところに目を向けよう

私は思います。自分の顔が好きでなかったり、自信がなかったりするのは、美に対する基準が高いからです。つまり、意識が高いということです。「美しいとはこういうレベル」という自分の中の基準がハイレベルだから、そこに達していない自分を見ると、ダメだ…イケてない…と思うのではないでしょうか。

大丈夫です。あなたはすでに、イケています。重要なのは、あなたが思う美の基準に達しているかどうかではなく、あなたが幸せかどうかです。他人から見た「美人」でなくても、いつものびのび笑顔でいる人のほうが、きれいですし、幸福です。「魔法の1秒笑顔」を意識し自分のいいところに、もっと目を向けましょう。

その方法として感動力を高めてみることをおすすめします。目が見えることに感謝、鼻が機能していることに感謝、食べられることに感謝。感謝力を高めることにより、脳が快状態になり口角も上がります。

笑顔になることで自分のいいところに目がいきます。

★「魔法の1秒笑顔」―暮らし編 その4
ニコッと笑うことが、最高のメイク

5 目指せ！ 深い会話ができる笑顔レベル

最も重要なのは第一印象

人が人に与える印象には、3つあります。1つ目は第一印象。初対面のときに相手に与える印象です。2つ目は第二印象。お互いが会話するレベルで感じる印象です。そして3つ目が第三印象。

価値観に関わるような深い会話レベルのときに感じる印象です。

このうち最も重要なのは、第一印象です。なぜなら、第一印象が悪かったら、第二印象、第三印象には決して進まないからです。出会ったときに「この人、残念だな」と思ってしまうと、相手は、次のコミュニケーションを取ろうとは思わないのです。ビジネスの場ですと、商談に発展することはありませんし、ましてや成約することはありません。

笑顔には段階がある

印象は、第一から第三まで、ステップを踏みながら深まっていきます。第一印象から、いきなり第三印象に飛ぶことはありません。あくまで一歩ずつ。この人とは何でも話し合える、という第三印象にたどり着けたら、最高ですね。

そうなるために、私たちができることは、笑顔です。2章で、笑顔には3つの段階がある、とお伝えしました。1段階目はスタンバイスマイル、口角を上げた状態です。相手と会話する前から浮かべておきたいスマイルです。2段階目はハーフスマイル、上の歯が見える状態です。お出迎えなどに使います。3段階目はフルスマイル、上下の歯を全開した状態です。大喜びの笑顔です。これらの笑顔を使い分けることによって、印象を深めていくことができます。

でも実は、笑顔には「3段階目から上」があるのです。4段階目は、輝くようなキラキラスマイルです。例えば、何かの大会で賞を受賞したときの笑顔。自信と感謝に満ちあふれた笑顔です。

そして5段階目は、社会に向けた貢献の笑顔。多くの人の役に立てたという最上級のエクセレントスマイルです。自分への自信だけではなく、世の中に対する慈愛があふれ出るような、そのような笑顔です。この笑顔は、多くの人を幸福に導きます。

笑顔だけで、たくさんの人を幸せにできるなんて、素敵ですよね。でも、笑顔にはそれだけのパワーがあります。「私には5段階目レベルの笑顔なんて無理……」と思われたかもしれませんが、常に5段階目をめざさなくてもいいのです。大切なのは、自分らしい笑顔で人生を楽しむこと。一段階目のスタンバイスマイルだっていいのです。そのくらいの笑顔レベルのほうがちょうどよい、という方もいらっしゃいます。

笑顔を使い分ける、やがて自然に

午前中は初対面の方にお会いするから、スタンバイスマイル、午後は仲のいい方に会うから、フルスマイルなど、会う人や時間帯でスマイルを変えてもよいと思います。さまざまな笑顔バリエーションを持っていたほうが、人間味が伝わって、かえって第三印象にたどり着く速度がはやまるかもしれませんよ。意識が無意識に変わる頃、印象に残る笑顔を手にできるでしょう。

★「魔法の1秒笑顔」―暮らし編　その5
笑顔レベルを用いて、第三印象をめざす

① 普通の顔
仏頂面

② 第１段階
スタンバイスマイル

③ 第２段階
ハーフスマイル

④ 第3段階
フルスマイル

⑤ 第４段階
キラキラスマイル

⑥ 第5段階
貢献のスマイル

6　つらいときは自分を癒す「よしよし笑顔」

まわりの人には優しいのに、自分には厳しい。そのような人が多いのではないでしょうか。実は私もそうです。まわりの人には寛容になれても、自分には「いまのままじゃダメだな、もっとこうしなきゃ、ああしなきゃ」とついついダメ出しをしていました。

私には、人生でつらかった時期があります。それは義理の父を介護していた時期です。片道一時間半かけて義父のもとへ通い、義理の妹と24時間体制で交代で介護をしました。姑に「頼むわね」と言われて断り切れず、仕事を延期にしたり、パートナー講師に頼みながら綱渡り状態でした。身も心もヘトヘト……。ちょうどその頃、娘の受験が重なり、塾への送り迎えもしなければなりませんでした。本来であれば、娘の心に寄り添いが必要な大切な時期です。

ある日、娘をお迎えに行ったとき、一言もお礼を言わない娘に「ちょっと！　お迎えに来てあげたのに、お礼も言えないの？」と大爆発したこともあります。あの頃、人と会っても目を合わせる余裕がないくらい、心がすり減っていました。

自分を癒すコツ

私はあの頃の自分に、こう言ってあげたいのです。「よしよし、よくがんばっているね。つらいときは休んでもいいんだよ。自分の心は、自分で守ろうよ」と。自分がつらいとき、励ましてくれる人が都合よくまわりにいてくれるかというと、そういうわけではありません。だから、自分で自分を励ましてあげることが重要なのです。

方法は簡単です。両手をクロスさせて、肩のあたりをやさしくなでながら、笑顔で「よしよし」と言う。これだけです。ある人に、「やってみて」と言って、実際にやってもらったところ、「これ、意外と気持ちいいですね」とびっくりしていらっしゃいました。

自分を愛せる人は、他人を愛せます。だから他人からも愛されるのです。誰かに愛されたければ、まず自分を愛する。これが一番の近道です。

自分を愛する

愛するというと、おおげさに聞こえるかもしれませんが、要は、自分を大切にするということです。特に女性は、がんばりすぎるくらいがんばってしまうことがよくあります。そのために、笑顔ができなくなるくらい疲れてしまい、心が弱っているというケースが多いのではないでしょうか。

笑顔ができなくなったら、それは自分を愛せていないサイン。笑顔は心のバロメーターです。両手で自分をハグし、よしよし、よしよしと繰り返し言ってあげて、いっぱいほめてあげてください。そして、しっかり眠ってゆっくりすることが大事です。

いつもがんばっているのですから、お手洗いやお風呂場などプライベートな場所で「よしよし笑顔」はおすすめです。

★「魔法の1秒笑顔」―暮らし編　その6
つらいときは、自分をハグして「よしよし笑顔」をする

7　効果がすごい「笑顔寝」とは

眠っているときにどんな気分でいるかはとても重要

さて、今日も一日が終わりました。ベッドに入って「おやすみなさい」というとき、いつもどんな顔をしていますか？「え？　そんなの意識したことがない」と思われたでしょうか。そうですね。寝るときの自分の表情を気にしている人は、ほとんどいないと思います。ましてや、寝たあとの自分の顔は、知る由もありませんよね。眠っているときにどんな気分でいるか、これはとても重要です。自己反省しすぎて必要以上に自分を責める人もいるでしょう。

睡眠中、人の脳も体も休んでいるように思うかもしれませんが、実は、脳は働いています。その日の体験や記憶を整理したり、いらない情報を取り除いたりしているそうです。夢を見るのも、脳が動いている証拠なのだそうです。

眠っているときの脳に、ご機嫌よく働いてもらうにはどうすればよいか。その1つの方法が、寝入る前に、幸せな気持ちになっておくことだと思います。幸せだという感情は、脳を活性化すると言われています。

反対に、不幸感やストレスを感じていると、脳は萎縮し、本来持っている力を発揮できなくなります。

ぐっすり眠るには

ベッドに入ったとき、今日あったイヤなことを思い出し、「ほんと気分が悪い」「最低よね」と思うと、それだけでネガティブな気分が広がってしまいます。せっかくの体と心のメンテナンスタイムが、効果の薄いものになってしまうと思いませんか？

私も20年ほど前から実践しています。眠りにつくときにポジティブな気分でいる。そのために役に立つのが、笑顔で眠る「笑顔寝」です。笑顔は、脳に安心とリラックスを与えます。人の行動もそうですが、緊張しているときよりも、リラックスしているときのほうが、ずっと力を発揮できます。

1日の締めくくりを大切にしましょう

「笑顔寝」をするときのポイントは、２つあります。１つ目は、その日にあったいいことを思い出し、うれしい気持ちを蘇らせること。そうすれば、自然と笑顔になれます。

２つ目は、感謝をすること。今日出会った人、あった出来事や自分のまわりにいるたくさんの人のおかげで、私たちは生きています。何より、生きているだけで有り難いことです。また、寝る前にあれこれ考えすぎる人がいます。反省は大切なことですが、日中のうちに済ませてください。

「今日も1日、ありがとうございました」。そのような気持ちを込めて、笑顔になって眠りにつく。これは、人生をハッピーにする法則です。

感謝の気持ちで、ニコッと笑顔でおやすみなさい。1日の締めくくりは、こうありたいですね。

★「魔法の1秒笑顔」－暮らし編　その8
ベッドに入ったら、今日1日に感謝しながら笑顔寝

第4章　「魔法の1秒笑顔」で、仕事も円滑に！（実践編）

1　「ほうれんそう」がスムーズになる！　朝の笑顔スイッチ

朝の電車に乗っていると、気づくことがあります。みなさん、朝から疲れていらっしゃる。さわやかな笑顔で、元気いっぱいで電車に乗っている人を見つけるほうが大変なくらい、日本は疲れているビジネスパースンであふれています。万年寝不足のストレス社会が、1つの原因になっているのかもしれませんね。

疲れていると、笑顔になれない、というのはわかります。では、もし笑顔のない状態で1日の仕事をスタートしていったら、何が起こるのか、ちょっと想像してみましょう。

仕事も朝が肝心

まずオフィスに着き、暗い顔で「おはようございます」と言ったとします。ご本人は何気なくそうしたとしても、まわりの人は、「あれ……なんか機嫌悪いのかな……」と不安になります。

そして仕事がスタートし、パソコンに向かってメールを返信したり、書類を入力したりします。今日はまだ一度も笑顔を見せていない、ということに気づく時間もないくらい、次から次へとやるべき仕事が押し寄せます。

午後になって、相変わらず仕事に集中していると、電話が鳴ります。出ると、お客様からクレームがきているとのこと。話を聞いてみると、若手の後輩がミスをし、お客様が怒っている、という内容でした。

話しかけられやすい雰囲気づくり

そのミスは、仕事の段取りについて後輩が自分にしっかり事前確認をとっていれば、簡単に防げたものでした。あなたは後輩にこう言います。「なんで私に声をかけて確認とらなかったの？」。後輩はこう答えます。「言いにくいのですが……様子を見ていたのですが、声をかけられる雰囲気ではなかったものですから……」

いかがでしょうか。１日の始まりに笑顔のない表情をしていたために、大切な情報が自分に集まってこない状況になっていたのです。これはよくあることで、上司は仕事のタスクも多くなり余裕がなく眉間にしわをよせながら仕事をしていると、部下は「機嫌が悪いのかな」と誤解を生んでしまうのです。

「魔法の１秒笑顔」で情報共有

ある調査によると、トラブルや問題が起こる原因として、最も多く上がったのは、「共有ができていない」ということだったそうです。つまり、仕事をスムーズに進めるための「ほうれんそう（報告・連絡・相談）」ができてない、ということなのです。

一度トラブルが発生すると、修復するのに膨大な時間がかかります。だからこそ、日ごろから職場仲間に「ほうれんそう」をしてもらえるような雰囲気づくりをしておく必要があります。それを実現してくれるのが、「朝の1秒笑顔」です。ニコッと笑って「おはようございます！」と言うだけ。これだけで、「ほうれんそう」がぐっとスムーズになります。たった1秒で、場合によっては何日も何週間もかかるトラブル対応が防げるなら、やってみる価値はありそうですよね。

★「魔法の1秒笑顔」―仕事編　その1
出社したら「1秒笑顔」で、ほうれんそうしやすい雰囲気づくりをする

2　見えない相手にこそ！　電話の前で「笑声」（えごえ）

電話だから笑顔が必要

電話で話をするとき、笑顔で応対していますか？　「電話では相手に顔が見えないんだから、表情なんてどうでもいいのでは？」と思うかもしれません。しかし、対面のときだけではなく、電話のときも笑顔は必要。というより、電話だからこそ笑顔が必要です。

笑声（えごえ）を意識しましょう。

「笑声」（えごえ）という言葉があります。これは、笑顔のような明るい声のこと。電話で唯一相手に伝わるのは、声だけです。だからこそ、声だけでいかにお相手に「ああ、この人と話せてよかった」と思っていただけるかが重要なのです。

「笑声」の秘けつは「笑顔」です。笑顔で話すことで、声にも「表情」が表れます。顔が見えないんだからいいだろうと思い、能面のような顔で話しても、笑声にはなりません。

電話の横に小さな鏡を置いて、ニコッと笑ってから電話に出る。こうすることで。笑声で会話できます。電話をくださったことに感謝し、「お電話ありがとうございます」という第一声を笑声で発することができれば、それだけであなたの好感度は大幅にアップします。

もう1つ、秘訣があります。それは「姿勢」です。電話のときは、ついつい下を見て話します。下向きの状態で声を出すと、どうしても喉や肺が圧迫され、いい声を出そうにもなかなか出せなくなります。

電話の第一声は「ソ」の音で

うつむかず、顎を上げて話す。すると体が、楽器のようにいい音を発することができます。ドレミファソラシドで言えば、一般的に「ソ」の音と言われています。事務仕事、内線は「ファ」と言われています。自分が想像するよりワントーン明るめがポイントです。

電話は、一対一でお相手に接するマンツーマンコミュニケーションです。対面で会って話すとき、別のことをしながら、相手のことをまったく見ずに話す人はいません。失礼だからです。電話も同じ。見えないからと言って、メールをしながら、SNSをしながら電話応対すると、それが声に乗って相手に伝わります。「この人、ちゃんと聞いてくれていない」と思われてしまったら、あなたの声の第一印象は大きく下がります。

ここでおすすめは笑声（えごえ）かどうか、自分の声を録音してみましょう。

見えないからこそ、顔を上げて、姿勢をピンと伸ばして、鏡にニコッと笑いかけてから電話をする。そのようなあなたの「笑声姿勢」が、まわりの職場仲間にもよい影響を与えると思います。

企業のイメージを決める会社の代表という意識も大切に。

★「魔法の1秒笑顔」ー仕事編　その2
電話応対のときは、鏡にニコッと笑って「笑声」（えごえ）をつくる

3　メモを取るときもニコッとスマイル

さきほど、電話応対は笑顔で、とお伝えしました。では、メモを取るときも笑顔で、と言ったら、どう思いますか？「笑顔で電話はわかるけど、メモを取るときまで笑顔をする必要があるの？」という声が聞こえてきそうです。

でも、答えはイエス。メモも笑顔でするのが、職場でのスマイルマナーです。それでは、どのようなときに笑顔でメモするのか。わかりやすいよう、上司とのコミュニケーションを例に、スリーステップでご説明していきます。

コミュニケーション上手になるメモの取り方

ステップ1…笑顔で返事

上司に呼ばれたとき、返事をしていますか。意外に返事をしない人もいます。まずは、返事をします。このとき、返事をするだけでなく、ニコッとして「ハイ」と言うと、それだけで高得点。「この人、声をかけやすいな」と思ってもらえるので、上司の評価が高まります。好印象を与えると可愛がられチャンスも多くなります。

ステップ2…笑顔で聞きながらメモ

次に、上司から何か説明を受けたり、指示をあおいだりするとき、ただ聞くだけではなく、笑顔で「ハイ」と返事をしながらメモを取ります。すると上司は「お、前向きに真剣に仕事をしようとしている」と思い、気分よく話をしてくれます。

ステップ3…うなずきを打ちながらニコッ

ここで気をつけたいのが、うなずきです。早すぎるうなずきはせっかちな印象を与えるため、相手の話が終わる頃、深いうなずきを入れます。その後、確認の意味を込めて復唱です。

頼まれ上手になろう

上司の話にあいづちを打つときも、ニコッと笑います。これを何度か繰り返すと、上司はあなたのことを「仕事が頼みやすい、この部下は信頼できる」と思ってくれます。大切な仕事を任せてくれるようになり、困ったときは助けてくれます。

いかがでしたでしょうか。たかがメモ。されどメモ。メモ1つで、信頼される部下になれるかどうかが決まることもあるのです。

呼ばれても暗い声でしか返事をしない、仕事の指示をしてもメモを取らない、あいづちを打つときは面白くなさそうにハイと言っている。もしあなたが上司なら、そのような部下に仕事を任せようと思うでしょうか。「この人に言っても、ちゃんと仕事をしてくれなさそうだ」と思い、別の人に任せてしまうのではないでしょうか。

同僚と仕事の打ち合わせをしているときも、「笑顔でメモ」が大切です。そうすることで、相手は気持ちよく話をすることができます。仏頂面、不機嫌そうな顔で話を聞いていると、「この人、怒っているのかな」と相手に気を遣わせてしまいます。気を遣わなければコミュニケーションを取れない人物のことを、人は何と呼ぶかというと、「面倒くさい人」と呼びます。

メモを取るときはニコッと1秒笑顔。たったこれだけで、「頼みづらい人」「お願いしづらい人」から卒業し、仕事をどんどん任され、「デキる人」になっていくことができますよ。日常の中でどのようなことを意識していくかで人生はうまくいくのです。

★「魔法の1秒笑顔」―仕事編　その3
「メモを取りながらニコッ」で、デキる人へとレベルアップ

4　相手の行動スタイルに合わせた好印象「笑顔」のポイントその1

ここからは、大きな効果を発揮するスタイル別「魔法の1秒笑顔」についてお伝えしていきます。

ところで、あなたにはこのような経験はないでしょうか？　「相手と仲よくなりたいと思って、満面の笑顔であいさつしたら、ドン引きされてしまった」「テンション高すぎ！」

相手に合わせたスマイルコミュニケーション取りましょう

実は、20年前の話です。笑顔で大失敗をしたことがあります。ある朝、女の子に話しかける機会がありました。この人と仲よくなりたい！　という一心から、私はフルスマイル（第2章参照）で会話を始めました。ところが、その女の子との会話がぜんぜん成立しないのです。なぜ笑顔で話しかけているのにぎくしゃくしてしまうんだろう…と思っていたら、その女の子はその日、寝起きだったのです。ぼ～っとしていたところに、私が笑顔全開で元気よく話しかけたので、とてもびっくりしてしまったのです。どうやらシャイなお嬢さんのようでした。

人には、コミュニケーションを取るときの行動スタイルがあります。その行動スタイルに合わせて笑顔を使い分けることで、好印象度が変わってくるのです。後からわかったのですが、私が笑顔で大失敗したその女の子は、静かで優しい微笑みを浮かべながら話しかけられるほうが、うれしいと感じる人でした。ですから、私のフルスマイルが、かえって彼女を驚かせてしまったのです。

コミュニケーションの行動スタイルに応じて、相手が嬉しい笑顔をプレゼントする。これが笑顔で成功するポイントです。それでは、どのようなコミュニケーションの行動スタイルがあるのか、見ていきましょう。

【コミュニケーション　４つの行動スタイル】

コミュニケーションの行動スタイルとは、性格診断や占いとは違います。どのスタイルが優れて

〔４つの行動スタイル〕

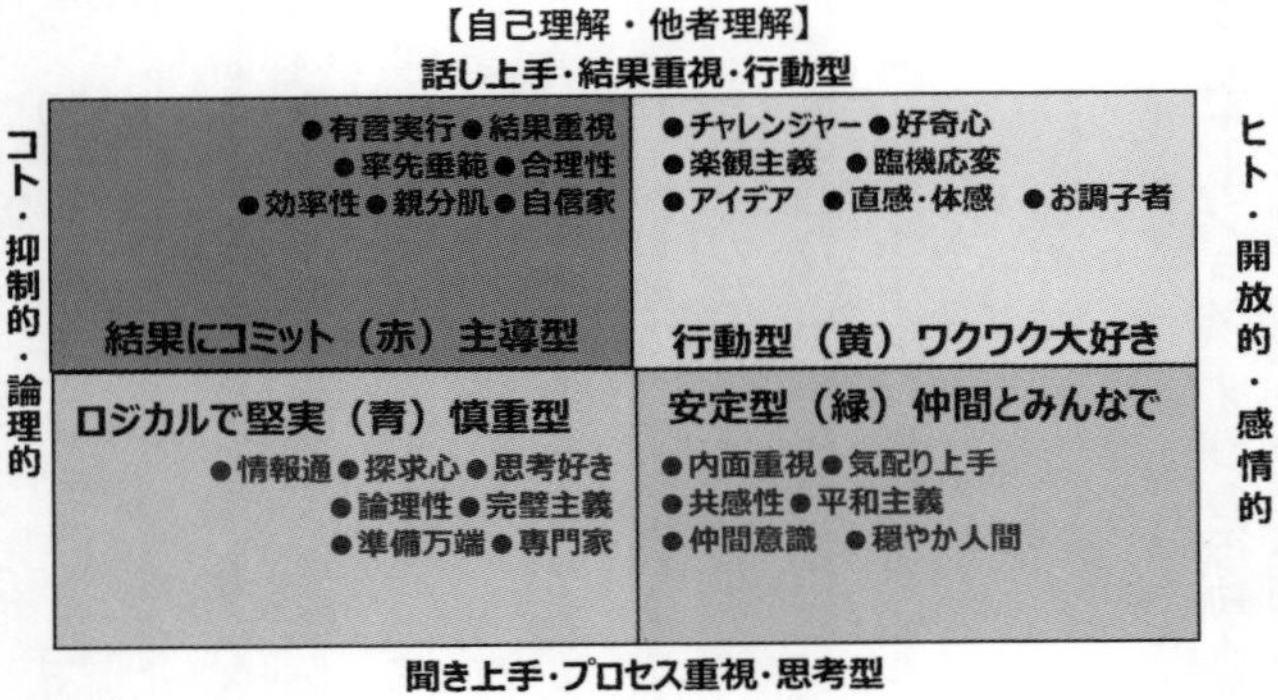

いるとか、どのスタイルが劣っているということはありません。人にはそれぞれ得意分野や不得手な分野があります。更に環境やキャリアによって行動スタイルは変化していきます。

私自身もこの学びに出会う前は、自分と違うコミュニケーションの行動スタイルに対し、「合わない」「苦手だな」などと思うことがありました。しかし、違うから合わないでは、相手との関係性は平行線のまま。時代は変化しています。多様性を重んじるキーワードは『違い』を認め合うことがポイントです。

決してそれぞれの行動スタイルを決めつけて使用するのではなく、笑顔につながるコミュニケーションとして自分のコミュニケーションスタイルを理解し、他者のコミュニケーションスタイルに合わせることで相互理解が深まるでしょう。

この4つの行動特性を押さえるか押さえないかで人生の笑顔の度合いは変化します。

【赤のコミュニケーションスタイル】

いわゆるリーダータイプです。目標に向かってまわりを統率するエネルギーがあり、決断力も行動力もあります。プロセスよりも結果や成果を重視し、リスクを恐れず目標達成に向け邁進する傾向があります。課題思考で目的がわからないときや、明確でない場合は動かないときがあります。自分の興味のある雑談を好み、ビジネスライクな雰囲気の会話のほうが安心できる傾向があります。

●特徴　実践的で信念を抱く。目力があり、行動力抜群でエネルギッシュ。ペースも早い。人の話をじっくり聞くよりも結論を急ぐことがあります。

【黄のコミュニケーションスタイル】

自らのオリジナリティを大切に、人と活気ある雰囲気を好みます。社交的で直観的行動も多く、アイデアも豊富です。自分の考えを表に出すのも得意で、話すときに身振り手振りが多くなります。モノよりも人指向で感覚的な傾向があります。マニュアルを読むのは苦手という方が多く、どちらかと言えば、文字より絵やイラスト、数字よりグラフや写真などイメージを重視することを望みます。「○○さんしかいない！」の言葉に弱く、場を盛り上げることも得意としています。

●特徴　楽しいことが好きで活気のあることを好みます。アイデア豊富で創造力はあります。計画通りに進めるのが苦手です。変化に強く、柔軟性はあります。

【緑のコミュニケーションスタイル】

人の和を何よりも大切にするので、協調的で思いやりがあります。人をサポートすることを好み協力関係を大事にします。周囲の人の気持ちに敏感で気配りに長けています。すごい！　さすが！と賞賛されるより、「ありがとう」「感謝しています」など労いが最も嬉しく感じる傾向があります。リーダー的存在というよりは縁の下の力持ち、援助する、支える側のほうが力を発揮しやすくなります。ビジネスライクより、打ち解けた雰囲気を好みます。

●特徴　温かく穏やかで恥ずかしがり屋の雰囲気があります。人の心を読むのが得意で、感情を優先。決断には時間がかかるときがあります。リスクを冒すより安定を好みます。

【青のコミュニケーションスタイル】

論理的で真面目なタイプです。行動の前に多くの情報を集め、分析、計画を立てることが好きです。物事を客観的にとらえ、完璧主義な面もありミスを嫌がり、問題解決と分析の専門家思考です。人との関わりは慎重で、初対面の人に対し最初からオープンに感情を出しません。几帳面で自分の関心のあることは積極的に話す傾向があります。プロセス重視で安全・正確・完全がモットーのような人です。コツコツと物事を積み上げ堅実で優れた仕事をします。

●特徴　知的でクールな雰囲気を醸し出しています。事前にデータを集め分析し論理的な話し方も特徴の1つです。変化や混乱には弱い傾向があり、根拠や質の高い会話を好みます。

★「魔法の1秒笑顔」ー仕事編　その4
人には、コミュニケーションのスタイルがあることを理解する

5　相手の行動スタイルに合わせた好印象「笑顔」のポイントその2

人にはさまざまなタイプがあることがわかったところで、どのタイプの人にはどのような笑顔が合うのか、見ていきましょう。特に第一印象の場面で相手が受け入れやすい、ハッピースマイルになるコツをお伝えします。

・赤色タイプ（主導型）

行動派で、ストレートでスピーディーな態度を好みます。結論から先に言ってほしいタイプなので、プロセスから先に説明したり、遠回しな表現をされるとイライラします。ですから、笑顔を向けるときは、自分の意思をはっきり主張するフルスマイルで。よかれと思ってスタンバイスマイ

〔主導型（結果にコミット）特徴と対応〕

「結論から言って」「要するに、何？」
「早くして」「この効果は？」
「すぐ回答して」「遅い！」
「絶対やってね」「上の人出して！！」
<対応のポイント>
●結論から話す　●迅速な対応
●合理的効率的に　●メリット提示
●決定権は相手に　●雑談は苦手

〔行動型（ワクワク大好き）特徴と対応〕

「～してもらえますか？」
アサーティブな主張、豊かな表情
直接的な表現、細かいことにこだわらない
アイデアいっぱい、副詞・形容詞を好む

＜対応のポイント＞
●丁寧な対応　●イメージにきくトーク
●数字よりイラスト
●常識・マナーを大切に
●感謝を言葉と態度で
●「○○さんしかいない」が好き

ルやハーフスマイルをし続けると、「なにニヤニヤ笑ってるんだ」と思われるかもしれません。明確に目をしっかりと合わせ、自信に満ちた印象を与えることが大事です。

・黄色スタイル（行動型）

明るく元気で、細かいことを気にしないおおらかさが特徴。理論より直感、数字よりイメージを大切にするので、笑顔もまた、わかりやすいフルスマイルを向けると喜んでくれます。「○○さんしかいない」「あなたがいい」と承認されることに大きな喜びを感じるので、笑顔にも承認の気持ちを込めると、「この人は自分のことをわかってくれている」と思ってくれて、打ち解けるのが早くなります。

・緑色スタイル（安定型）

優しくて繊細で、人のしぐさや表情を敏感に読み取ります。強く押されることが苦手なので、エネルギッシュな笑顔を向けられると、かえって戸惑ってしまいます。ハーフ

〔安定型（仲間とみんなで）特徴と対応〕

人の言動・気持ちに敏感
なかなか本音を言えない、溜めてしまう
自分のゾーンは大切　熟慮型
キーワードは、協調・協力・貢献
「みんながいいなら、私も」

<対応のポイント>
●第一印象、話し方に気をつける
●押しが強い人、急かす人は苦手
●仲良くやりたい、波風は立てたくない
●フォローが大事！　●丸投げは苦手

スマイルくらいの笑顔が、このタイプの人にはベスト。また、自分の本音を言えず、中にため込んでしまうところがあるので、会話のときはスタンバイスマイルで「何でも話してみて」口角を少し上げる程度の雰囲気を出すと、安心していろいろなことを話してくれます。

・青色タイプ（慎重型）

　理論的であることを大切にしています。根拠のないことやロジカルでないことには興味を示さないので、場に合わせて無意味に笑ったり、愛想笑いをされると、「その笑顔はどういう意味ですか?」と勘ぐります。心から凄い！　さすがと思ったときにハーフスマイルを向けるくらいでちょうどいいかもしれません。

　なお、表情が豊かではないため、何を考えているのかわからないところがありますが、本人は喜怒哀楽をきちんと感じています。

★「魔法の1秒笑顔」ー仕事編　その5

タイプに合わせて、スタンバイスマイル、ハーフスマイル、フルスマイルを使い分ける。

6　相手の行動スタイルに合わせた好印象「笑顔」のポイントその3

自分のコミュニケーションスタイルを理解しておく

ところで、あなたは、自分のコミュニケーションスタイルを4つのうちのどれだと思っていますか？　相手とコミュニケーションをとるときは、相手のスタイルを知るのはもちろん、自分のスタイルを知っておくことも重要です。そうすれば、自分と相手のよさを活かし、補い合うコミュニケーションができるからです。

私はCA時代、たくさんのお客様と接してきました。お客様の中には、無表情の方もいらっしゃれば、控えめな方もいらっしゃいます。当時はコミュニケーションのスタイ

〔慎重型、ロジカルで堅実型の特徴と対応〕

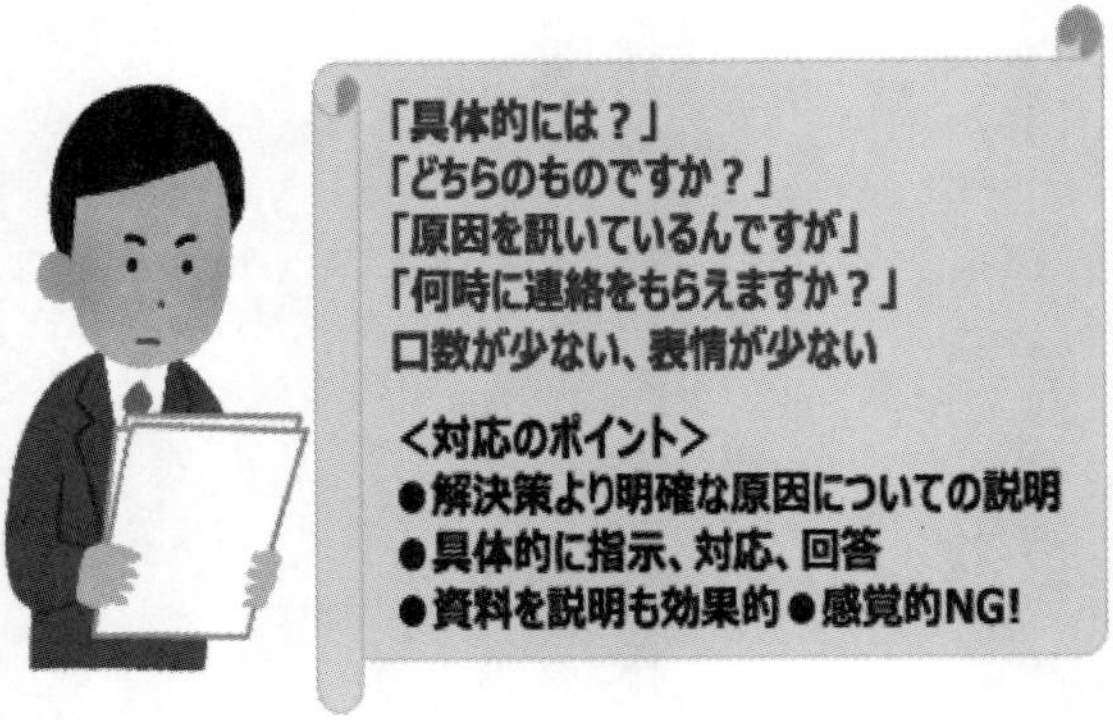
「具体的には？」

「どちらのものですか？」

「原因を訊いているんですが」

「何時に連絡をもらえますか？」

口数が少ない、表情が少ない
<対応のポイント>
●解決策より明確な原因についての説明
●具体的に指示、対応、回答
●資料を説明も効果的●感覚的NG!

ルを知らなかったので、私はそのようなお客様を見かけると、「もっと笑えばいいのに」「言いたいことを言ってくれればいいのに」と思っていました。

なぜそのようなふうに思っていたのか。それは、私が行動型の黄色の要素が強いからです。黄色は、明るくて直接的なやりとりが好き。だから、堅実型の青色タイプのお客様が苦手だったのです。

ここで重要なのは、４つのコミュニケーションスタイルのうち、どれがよくてどれがよくない、ということではありません。４つともその人の特性なのです。世の中には、バランスのよい人もいれば個性的な人もいらっしゃいます。

違いは、よいこと

もし日本中の人が私のような行動型の黄色スタイルだったら、エネルギッシュな社会になるかもしれませんが、堅実型の青色スタイルがいてくれることで、分析力や情報収集力を発揮し、失敗を未然に防ぐ手立てを考えてくれます。

アクセルとブレーキがあるから、車は安全に遠くまで行くことができます。どちらが欠けても、車は正常に動きません。このように、コミュニケーションスタイルもまた、アクセルとブレーキ、静と動という関係性で見ていくと、お互いに補完し合えることがわかります。今では、青色スタイルを尊敬し一緒に関わることで、ビジネスが上手くいくと思えるようになりました。

青色スタイルはクールに見えますが、黄色スタイルの猪突猛進にブレーキをかけてくれる役割を果たします。緑色スタイルは控えめに見えるかもしれませんが、赤色スタイルの主導型に対しきめ細かい気遣いができます。

逆もあります。青色タイプは、分析し過ぎるあまり、なかなか一歩を踏み出せないことがありますが、黄色タイプが背中をポンと押すことで、一歩を踏み出せることがあります。緑色スタイルは自己主張が控えめなのですが、赤色スタイルが「いつも細かいところをやってくれてありがとう」と声をかけることで、自信を持つことができ、さらにサポート力を発揮してくれます。

みんな違ってみんなよい

4つのスタイルが自分の特性を活かし、補い合うチームワークを発揮できたら、無敵ではないでしょうか。そのような関係性をつくっていく潤滑油になるのが、笑顔です。

みんな違って、みんないい。そのような気持ちで、相手が喜ぶ笑顔を向けてみましょう。

★「魔法の1秒笑顔」ー仕事編　その6
補い合う最強のチームづくりに、笑顔を役立てる

4つの行動スタイルのコミュニケーションカードにご興味を持たれた方は、一般社団法人コミュニケーションカード活用推進協会のHPをご覧ください。実は協会の代表は私のコーチングの師匠です。カードはコーチング理論、脳科学、心理学、行動科学等の理論に裏付けされ開発されました。

7　ＣＡ（客室乗務員）流いつでも笑顔のコツ

ＣＡの笑顔と、ＣＡでない人の笑顔は、どこが最も違うと思いますか？　答えは、「どのようなときも、何が起こっても、ＣＡは必ず笑顔でいる」ということです。

ちょっと想像してみましょう。飛行機で空の上にいるとき、上空の天気の関係で、飛行機が大きく揺れたとします。そのようなとき、ＣＡの顔から笑顔が消えて、険しい表情になっていたら、あなたはどのように感じるでしょうか？　おそらく、「え？　この飛行機、大丈夫なの？」と不安になり、パニックを起こしそうになると思います。

急病人の方が出たときもそうです。ＣＡが不安そうな顔をしていると、乗客の皆様も不安になります。だからＣＡは、いつ何が起きようとも、笑顔の段階はありますが、口角を上げて笑顔でいられるよう訓練されています。

多様性だから大切なこと

プロとして笑顔を絶やさない。これは、ＣＡの世界だけに限らないと思います。物を販売する仕事、サービスをご提供する仕事、すべてに共通するプロのマナーが「笑顔」だと思います。これは、職場内でのコミュニケーションでも言えることです。

職場の仲間に外国人スタッフがいたり、さまざまな経歴を持つ人がいたりと、日本の企業もグローバル化して参りました。多様性が広がっています。生まれ育った国が違うと、身にしみついている文化が違います。考え方も慣習も違います。

その違いにばかり目を向けて、「ここが違う、あそこが違う」とストレスを感じていたら、とてもやっていられないと思います。職場の雰囲気も悪くなっていくのではないでしょうか。

生きていれば、いろいろなことが起こります。まさか！　ということも起こります。そのたびに平静さを欠き、ジタバタしても、事態は何も変わりません。だからこそ、起きていることを避けようとするのではなく、受け入れ、受け止める。そうすれば、何があっても大丈夫、という落ち着いた気持ちが生まれ、笑顔につながっていきます。

受け入れ笑顔

飛行機が揺れても、急病人が出ても、ＣＡが笑顔でいるのは、目の前の出来事を受け入れているからです。あの笑顔は「受け入れ笑顔」なのです。受け入れた上で、自分に何ができるのか考え、対応していく。それが生き抜くことにつながります。

職場の人とのコミュニケーションで、何か予想外のことが起きたとき、まずはそれを受け入れてみてはいかがでしょうか。そして、相手は何を考えていて、何を大事にしていて、どう接すれば状況がよくなっていくのか、想像力を働かせて考えてみましょう。

大切なのは相手に勝つことではなく、いっしょによい関係を築いていくことです。

そこで重要となるのが笑顔です。笑顔でいれば、相手はあなたに心を開いてくれます。うん、うんとうなずきながら話を聞くと、さらに距離感が縮まります。「魔法の1秒笑顔」で、違いがあってもわかり合えるという関係性をつくっていくことができます。

★「魔法の1秒笑顔」―仕事編　その8
起こったことを受け入れる「受け入れ笑顔」で、よい人間関係をつくる

8　おへそを向ける！　正対（せいたい）笑顔とは

デスクワークをしているとき、「○○さん」と名前を呼ばれたとします。あなたはどのように返事をするでしょうか。

実は、職場を観察していると、多くの人が左の写真のような返事をしています。

「はい」（そう言ってチラッと相手を見る）。

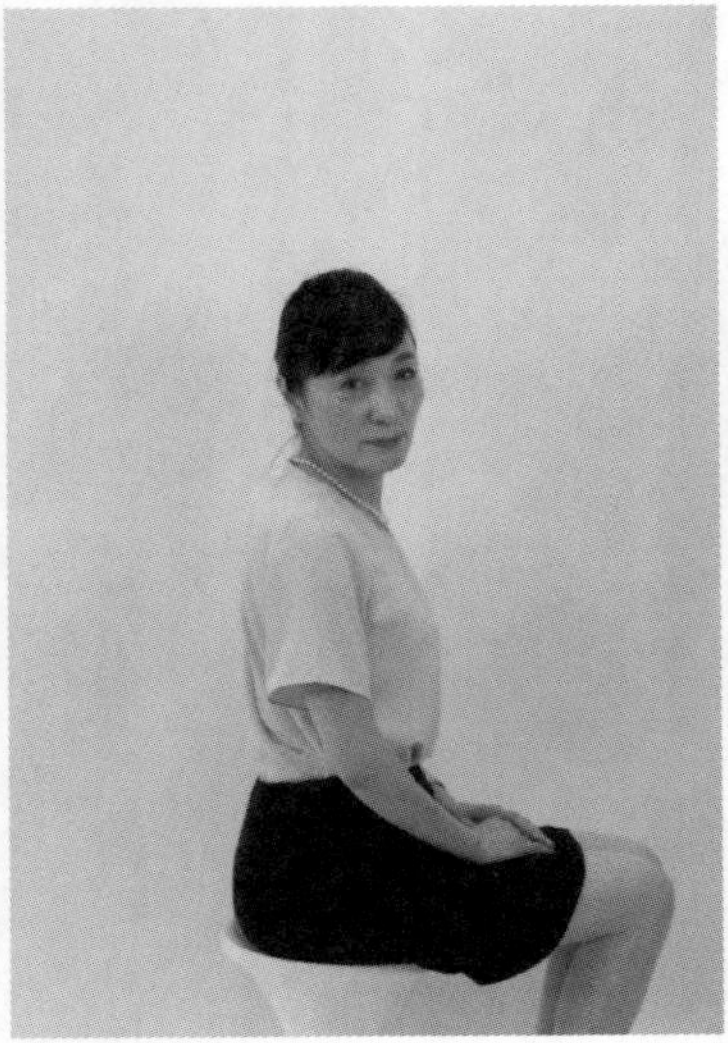

無意識は怖い

自分では意識していないかもしれませんが、この「チラ見返事」が圧倒的に多いのです。自分では普通に返事をしているつもりでも、相手からすると、「この人、何だか面倒くさそうに返事しているな」というふうに見えるのです。この話をある女性起業家の方にしたところ、「チラ見笑顔、よく見かける！」と笑いながら話されました。すべての人が「チラ見返事」をしているわけではないと思いますが、忙しさのあまり、ついそうなってしまうのかもしれませんね。

「チラ見返事」が面倒くさそうに見えるのは、何か片手間に返事をしているように見えるからです。その原因となっているのが、体の向きです。

まずは、相手におへそを向ける

返事をするとき、相手に体を向ける。これを「正対」（せいたい）と呼びます。こうすることで、あなたの呼びかけに応じていますよ、ということを、体全体で表現することができます。こちらが話しているとき、お相手がよそ見をしたり、ぜんぜん別の方向に顔を向けていたりすると、「ちゃんと聞いてくれていない」と思いますよね。「チラ見返事」には、そういったマイナスの印象を抱かせてしまう可能性があります。

返事をするときは、首だけ回して相手を見るのではなく、体ごと相手のほうを向いて、「はい」と笑顔で返事をする。これを心がけるだけで、「好感が持てる人だな」と思ってもらえます。

オーラはデコルテから出る

体を向けるときは、おへそを相手に向ける感覚で。こうすることで、自分のデコルテ（鎖骨付近）を見せることができます。私は、２０２３年ミセス・オブ・ザ・イヤー宮城大会でマナー、マインド、コーチングの講師もさせていただきました。そのとき大会プロデューサーから「人のオーラはデコルテから出る」と教えていただきました。首だけ回すチラ見で、あなたのステキなデコルテを見てもらえないのは、とてももったいないことです。

そして、体を向けるときは、相手に対して斜め45度くらいの角度で。真っ正面だと対立感が出てしまいますが、少し角度をつけるだけで圧迫感がやわらぎ、相手に安心を感じてもらえます。

★「魔法の1秒笑顔」ー仕事編　その9
名前を呼ばれたら、相手におへそを向け、ななめ45度くらいの角度で「笑顔」でハイ！

9　記憶に残る！　笑顔マナーと名刺交換の流れ

名刺はすぐに渡そうとしない

名刺交換のとき、多くの人は、すぐに名刺を渡そうとします。でも、慌てないでください。名刺を先に渡してしまうと、自分のことがお相手の記憶に残らなくなります。

なぜか。人は名刺を差し出されると、名刺ばかり見てしまうからです。名刺の持ち主である相手の顔を見ないので、記憶に残らなくなってしまうのです。

名刺は後で出しましょう

名刺交換は、名刺を取り交わすことが目的ではありません。自分のことを印象に残していただくのが目的です。ですから、あとで名刺を見たとき、「この人、誰だったっけ？」とならないよう、しっかり顔と顔を見合わせる必要があります。

まず笑顔で「初めまして」と言って一礼します。顔を上げたあともニコッと笑顔。そうすれば、お相手の顔をしっかり見ることができますし、自分の顔も見ていただくことができます。そのあと、

〔名刺はその人の「第二の人格」「分身」〕

■名刺交換の基本的ルール

① 訪問者から先に渡す
② 相手より自分の立場が低い場合は先に渡す（つまり、いつでも！）
③ 受け取った名刺は、１枚なら名刺入れの上に置く
④ 複数枚の場合、名刺入れの前に並べる（席にあわせて置くとわかりやすい）

■名刺交換の手順

① 名刺の受け渡しをするために起立する　※テーブル越しはNG!
② 相手の目を見て、社名・名前をフルネームで名乗って渡す
「はじめまして、わたくし●●会社の●●と申します。よろしくお願いいたします」
③ 相手から見て自分の名前が読める向きにし、胸の高さで差し出す
④ 相手から名刺を受け取るときは、両手で受け取り、「頂戴いたします。
●●会社の●●様ですね、よろしくお願いいたします」など

「○○社の□□と申します」と、社名と氏名を笑顔で声に出して伝えます。

名刺をお渡しするのは、このあとなのです。顔を覚えてもらってから名刺をお渡しすることで、相手の脳裏にあなたが刻まれます。

名刺は、その人の「第二の人格」「分身」とも言われています。つまり、あなたのよさが伝わるように交換する必要があります。下を向いて、名刺ばかり見つめている名刺交換は、あなたのよさが相手に十分に伝わりません。それはとてももったいないことですよね。だからこそ、顔を上げて、相手を見て、笑顔で名刺交換をしてほしいのです。

自分に笑顔を向けてくれたり、自分の名前をフルネームで呼んでもらえたりすると、人は嬉しいものです。その嬉しさを、名刺をお渡しする前に、まず感じていただく。すると、名刺そのものの交換もスムーズになると思います。

笑顔が先。名刺はあと。これが印象に残る名刺交換の鉄則です。

ちなみに、図表は名刺交換のマナーです。マナーとは相手への思いやり。思いやりをもって名刺交換してみてください。

★「魔法の1秒笑顔」ー仕事編　その10
名刺交換のときは、まず相手を見てニコッと笑顔、そのあとで名刺を渡す

10 小さな達成をしたら「なでなで笑顔」

子どものころは、いいことをしたり、いい成績をとったりすると頭をなでてもらったり、大人から「よくやったね！」とほめてもらえました。大人になるにつれ、ほめられることが減り、よくやった！　と言ってもらえる頻度も少なくなっているのではないでしょうか。

職場では、何か目に見える成果が上がったときにしか、上司にはほめてもらえなかったり、成果を出しても、「まだまだだね」と言われたり。なぜ子どもはほめられるのに、大人はほめられないのだろう、と疑問に思います。

多くの人は、認めて欲しいと思っている

ほめてほしい、認めてほしい、ということを相手に求め過ぎると、ほめてもらえなかったときに不満を感じます。つい先日、女性の職場で研修を行ったとき、リーダーが、「私のことをまわりはぜんぜん認めてくれない」とこぼしていらっしゃいました。

リーダーは企業のトップなので、ほめられるより、ほめるほうの立場なのですが、そのようなリーダーでも、誰かからほめられたいと思っているのです。

自分の機嫌は自分で取りましょう

人間は、認められたい動物。でも、どんなにがんばっても認められない、ほめられないことはあります。だから、自分で自分をほめてあげましょう。頭に手をあてて、やさしくなでなでする。それだけで、心がほっこりします。あまりにもほめられていない人は、自分をなでなでしたとき、うれしくて泣いてしまうかもしれませんね。「なでなで笑顔」には、それだけの効果があります。

特に、介護、福祉、医療に携わっている人は、「なでなで笑顔」をやってみてください。介護や看護が必要な人のオムツを替えたり、シーツを買えたり、食事の介助をしたり。どれも生きていくために大切なことなのに、１つひとつほめてくれる人は、あまりいないのではないでしょうか。

お手洗いでこっそり

ほめてもらえないなら、自分でほめる。自分のご機嫌は自分でとるのが、一番手軽で効果的です。とはいえ、人前で「なでなで笑顔」はなかなかできないと思いますので、お手洗いに行ったとき、「よくやったね。なでなで」としてあげると、とても癒やされます。疲れていても、「よし、午後からまたがんばるぞ」という気持ちになれます。

もし自分をほめてあげるネタがないときは、３章でご紹介した「よしよし笑顔」でがんばっている自分を励ましてあげてください。そして、できていないところではなく、できているところに目を向け、ほめてあげる。お客様にお茶を出せた、同僚の仕事をサポートしたなど、ほめるネタはたくさん転がっています。それを拾い集めて、思い切り「なでなで笑顔」をしてあげてください。

他人に期待しすぎて思ったとおりの態度や反応がないと、自分の表情は曇りがちです。だからこそ、誰にも気を遣わなくてもよいお手洗いの空間を上手に活用してみましょう。

なでなで笑顔の方法

お腹が痛いときなど腹部をなでる、不安や緊張を感じたときに何気なく身体のどこかに手を当てて自分をいやしていることはありませんか。

ケガや病気など処置をする医療行為は、「手当て」とも言われています。私たちが、日ごろ、自然に行っている「手を当てる」ことによって、いやし効果が原点という説もあるようです。

実際に「幸せホルモン」「絆ホルモン」と呼ばれるオキシトシンの分泌を促すようです。自分で自分をいやすセルフマッサージを上手に活用しましょう。

①リラックスした状態で愛情をもって触る
②深呼吸しながら副交感神経を優位に
③ゆっくりと自分の頭の皮膚の感覚に集中する
④自分が言われて嬉しい言葉をつぶやきながら行う
※口角を上げながら①~④を自分の気持ちが落ち着くまでやってみましょう。

★「魔法の1秒笑顔」―仕事編　その10
自分で自分を癒す「なでなで笑顔」でモチベーションアップ

特別版　心理的安全性と笑顔の関わり

心理的安全性とは、ハーバードビジネススクールのエイミー・エドモンドソン教授により提唱され、Googleが実証実験でチームの最重要要素と位置付けた概念です。他人の反応を恐れず誰もが安心して自然体で過ごせる度合いを指します。一部、特定の方々が自然体ではなく、誰もが穏やかで共感を持って過ごせる環境こそが心理的安全性が高い状態と言います。

私も社会人経験を通し、様々な企業・団体と関わってきました。自分の能力を最大限に活かすことができず、何となく顔色を伺い自分らしさを発揮できない場がありました。きっと、あなたもそのような経験はあるはずです。

誰もが、自分の個性を活かし、能力を発揮できる場所にいられることを望みます。

心理的安全性の高い組織をつくる4つの因子とは

話しやすさ、助けあい、挑戦、新奇歓迎から成り立っています。

①話しやすさとは、笑顔と密接です。不機嫌そうな顔は人を遠ざけます。言いたくても言えない、これを言えば変だと思われるのではないかというためらいは、コミュニケーションに影響するからです。

②助けあいに関しては、話しやすさでコミュニケーションが円滑になります。安心・安全の場が増え、相互理解が増えるから笑顔が増えます、結果、助けあいの場が自然に生まれてくるでしょう。

③挑戦とは、1人ひとりが、まずはやってみようと思う気持ちが芽生えることが大切です。実は笑顔でいることで前向きになり、ポジティブ思考になって挑戦したくなります。相乗効果として相手が笑顔だとやる気アップにも繋がります。笑顔と挑戦は相性抜群！

④新奇歓迎とは、個性的な人を変人扱いするのではなく、個性を尊重し、自分が自分らしくいられなくなります。

それでは、どうすればいいのか？　時代は多様性を受け入れることが求められます。実は、笑顔度が高い人は、自己肯定感も高く心を開ける人です。自分の笑顔も好きな可能性が高いのです。

自分の笑顔を好きになることは最大の自己受容に繋がり、自己承認できる人は他人を受け入れることができます。

しかめ面をやめて笑顔で面白がる

職業柄、様々な企業へ伺いますが管理職からは、「社員からなかなか意見が出てこない」「主体的に取り組んでもらえない」というお悩みを聞きます。一方、一般職員からは、「あの上司は、現場も見ないで、自分の言いたいことを言ってくる」「何か言えば、否定されるのでやる気が無くなってきます」と相談を受けます。お互いさまのような、人は鏡だと感じるときもあります。

まずは、他人を変えようとしないで、社員一人ひとりが、話しかけやすい雰囲気づくり、助け合う風土づくりを心掛けましょう。笑顔で相手のいいところを認め、やる気を引き出しチャレンジを応援し合う。自分とは違う意見が出てきたら、思わず、しかめ面をするのではなく、笑顔で面白がる温かい場があるかないのかで職場は変わってきます。

まずは、自分から笑顔を発信して、心理的安全性を心掛けてみませんか。

笑顔のチームづくりと業績の関係笑顔

チームに笑顔がないと黙々と仕事にも集中しメリットもあります。ただし、社員が受け身的になり、発言しにくい雰囲気、コミュニケーションは低下する傾向があります。

人間の悩みの9割は人間関係とも言われています。チームに笑顔が増えることで親しみやすい雰囲気が生まれ、心理的安全性が高まり、働きやすい職場、働きがいのある職場に繫がっていきます。そこから、職場、チームの生産性向上につながり業績にも影響し好循環に繫がります。

お仕事をされている方は、次の十項目を参考にしてみてください。

①朝のあいさつの声は笑顔で明るいですか
②報告連絡相談は催促がなく、活発ですか。
③職場における会話の頻度・雑談などはありますか。
④1日の社員の笑顔の回数、笑い声は聞こえてきますか。
⑤昼休みの過ごし方は、コミュニケーションは取れていますか。
⑥リーダーは部下を承認していますか。
⑦社員は意見を言いやすいですか。
⑧社員が功績をおさめた場合、笑顔で承認しあう風土はありますか。
⑨会議の発言は活発ですか。
⑩会議で奇抜なアイデアが出てきたときに、まずは笑顔で受け入れる体制はありますか。

第5章　「魔法の1秒笑顔」で、立ち居振る舞いも品格アップ（実践編）

1　立ち姿は笑顔でキリッと「キリン」のように

非常に重要な基本姿勢

立ち居振る舞いは、体全体で表す「マナー」と言えます。立った姿や姿勢で、相手に対する思いやりを示すことができるからです。立ち居振る舞いを意識することは、思いやりの心を大切にする、ということでもあるのです。

第一印象において、非常に重要な基本姿勢は「立ち姿」です。キリンを思い出してください。キリンの首は、すっと真っ直ぐでしなやかです。あの首のような立ち方をすると、とても美しく見えます。やわらかさの中に、凛とした印象を与えることができます。

姿勢は生き方

メイクやヘアスタイルは意識しても、立ち方は意識していない、という方、とても多いのではないでしょうか。美しい基本姿勢を意識することでよい第一印象を与えることができます。生き方は姿勢に出ます。また、気をつけておきたいのは、後ろでの腕組みです。理由は、手の裏を隠し何かを企み相手に隠し事をしている可能性もあり、場合によっては不信感を与えることになります。

中世ヨーロッパでは、後ろで腕を組まないことが武器を隠していないというサインにもなるため、その風潮が徐々に礼儀作法として確立されていきました。近代では、体育会系の「休め」をイメージさせるのでNGとも言われています。

それでは、どのような立ち方がよいのでしょうか？　よく「モデル立ち」という言葉を耳にしますが、CAにも、よい印象を与える立ち姿があります。それが上の写真です。

〔基本姿勢（立ち姿）〕

背筋がまっすぐ

つむじが天井伸びるイメージ

キリンの首のように、きれいだと思いませんか？前から見ても横から見ても、凛としていると思います。この立ち姿をするためのポイントをお伝えします。

【印象をよくする基本の立ち姿】

①かかとを閉じます。

②つむじが天井に引っ張られるイメージで、背筋を伸ばします。

③握りこぶしが一個半から二個入るくらい、つま先とつま先の間を空けます。

④つま先の方向は、時計の針で言う「11時5分」の方向を指すようにします。

O脚が気になる方や、足をほっそり見せたい場合は、写真のように、足を前後で重ねてもよいでしょう。

自分の姿を鏡に映しながら、キリッとしたキリンのような立ち姿を研究してみてください。

基本姿勢に対して無意識な方は多く、避けたいのが仁王立ちです。理由は偉そうに見えるからです。また、片方に体重を傾けるとだらしない印象を与えます。このほか内股は幼稚な印象を与えるので、気をつけましょう。

★「魔法の1秒笑顔」―立ち居振る舞い編　その1
前から見ても横から見てもキリンのようにスッとまっすぐな立ち姿をめざす

2　美しいあいさつは白鳥スタイル

あいさつ姿勢の理想は白鳥

朝礼でのあいさつ、接客時のあいさつ、お客様のところにうかがったときのあいさつ、退社するときのあいさつ。ビジネスの場はあいさつの連続、と言っても過言ではないと思います。

ところで、あいさつをするとき、どのような姿勢であいさつしていますか？　理想の姿勢は「白鳥のように優雅に」です。白鳥は、水面下では一生懸命努力して足を動かしていますが、水の上ではとてもエレガント。人間もあんなふうでありたいな、と思います。

次の写真は、お相手に「優雅だな」と思ってもらえるあいさつ姿勢のお手本です。人とすれ違うとき、一般的なあいさつをするとき、お礼やおわびをするときと、シーンごとに姿勢が異なりますので、使い分けてみてください。角度には想いが詰まっていますので、意味を理解してお辞儀をすると更に好印象です。美しい立ち居振る舞いは印象に残り、幸せのチャンスとも関連しています。

また、あいさつ姿勢と合わせて、次の「あいさつ五段階活用」も使ってみてください。

【第一印象をアップするあいさつ五段階】

第１段階目…「おはようございます」

第２段階目…「〇〇さん、おはようございます」

態度（お辞儀）

会釈（15度）　敬礼（30度）　最敬礼（45度）

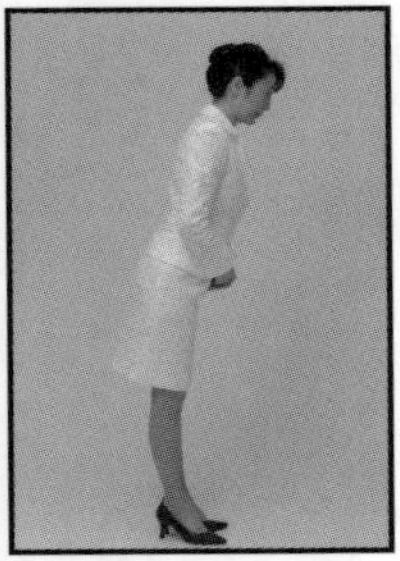

すれ違う際／入退室など
目線　約2メートル先

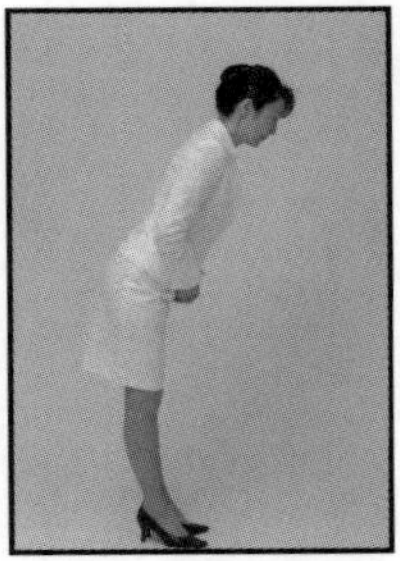

一般的な挨拶（歓迎）
目線　約1.5メートル先

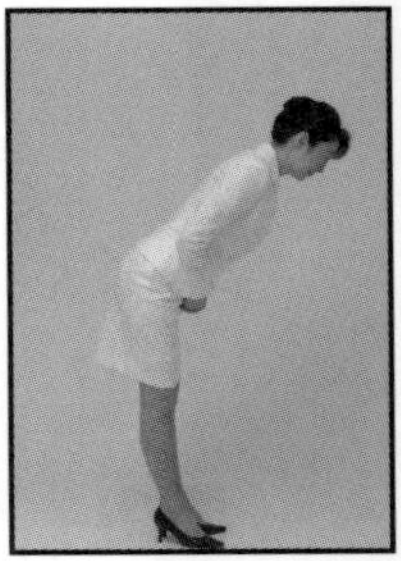

御礼・お詫びなど
目線　約1メートル先

第3段階目…「○○さん、おはようございます。今日は夏至ですね」

第4段階目…「○○さん、おはようございます。今日は夏至ですね。今日の洋服は靴と合わせた色で、とてもお似合いです」

第5段階目…「○○さん、おはようございます。今日は夏至ですね。今日の洋服は靴と合わせた色で、とてもお似合いです。ところで、先日の○○のお話が大変興味深い内容でしたので、さらに聞かせていただけますでしょうか」

段階が上がるにつれ、お名前を呼んだり、服装をほめたりと、お相手への関心度が高まっているのがおわかりになりますでしょうか。

人は、自分の名前を呼ばれたらうれしいですし、自分に興味を持ってくれる人を好きになる傾向があります。

『あいさつ+お名前+相手に関心を示す一言』

これが、あいさつで第一印象をよくする方程式です。あなたは、日々、どの段階ですか？　まずは、ニコっとほほ笑みあいさつを極めてみてください。周囲との関係性が良好になりハッピー循環が生まれます。

★「魔法の1秒笑顔」―立ち居振る舞い編　その2
あいさつの姿勢は、白鳥のように優雅に。「あいさつ5段階活用」でレベルを上げる

3　忘れてはいけない！　ＮＧあいさつはこめつきバッタ

こめつきバッタあいさつはＮＧ

さきほどは、第一印象をアップする理想的なあいさつをご紹介しました。ここでは、逆に第一印象を下げてしまう「やらないほうがいいＮＧあいさつ」についてご紹介します。

ズバリ、こめつきバッタあいさつです。

「いや～どうもどうも！　こんにちは～、どうもどうも～」

と言いながら、せわしなく頭をペコペコ下げている方を、一度はお見かけしたことがあるのではないでしょうか。いろいろな人にあいさつしたいという気持ちはわかるのですが、まるでこめつきバッタのように頭を下げるあいさつは、余裕がありませんし、優雅でもありません。その様子を見

ているほうも、なんだかソワソワしてまいます。

1つひとつの動作を区切る

あいさつのときは、慌てず、騒がず、ゆったりがポイント。まず「こんにちは」と言ったあと、一、二、あいさつ、サッと頭を下げてゆっくり二、三、四と頭を上げる、というふうに、1つひとつの動作を丁寧にやっていくと、こめつきバッタあいさつから卒業できます。

ポイントは、「先言後礼（せんげんごれい）」言葉を先に言って、後からあいさつをすることです。「分離礼」という言葉と動作を分けるあいさつがおすすめです。こめつきバッタあいさつは、「どうもどうも！」という言葉を発するのと、頭を下げる動作が同時に起こっています。これだと、どうしてもあくせくした感じがぬぐえません。言葉は言葉、動作は動作。分けて行ったほうが、落ち着いた印象を抱いていただけます。

美しい敬礼お辞儀の仕方について

「私、ちゃんとできているかな…」と思ったら、次のことをチェックしてみてください。

□その1…背筋を伸ばし、かかとも閉じます。
□その2…相手の目を柔和な表情で見ます。歓迎の雰囲気が伝わることが重要。
□その3…「おはようございます」と声に出してあいさつします。

□その4…30度を意識し、腰から上半身が折れるようにおじぎをします。頭だけを下げるのではなく、頭と背中が一直線になるのがコツ。
□その5…さっと倒し、ゆっくり戻ります。カウント一であいさつ、二、三、四で戻ります。
□その6…ゆっくり戻ったあとは、また相手を優しい表情で見つめます。
いかがでしたか？「ぜんぜんできていない…」と思われたかもしれませんが、心配いりません。今日から1つずつ実行していけば、自然とできるようになります。相手を大切にするお辞儀は敬意が伝わり、相手からも大切にされ幸せが連鎖していきます。

★「魔法の1秒笑顔」―立ち居振る舞い編　その3
こめつきバッタあいさつはNG。ゆったり1つひとつの動作を丁寧に

4　清掃員にこそ笑顔で「開運」

相手によって態度を変えない

自分にとってメリットのある人には笑顔で声をかけたり、敬語を使ったりするのに、そうでない人にはむっつりとしたあいさつしかしない。そのような「相手によって態度を変える人」は、ビジネスの場ではあまり信頼されません。

誰にでも分け隔てなく最高の笑顔を発揮できるかどうか。それを見極める絶好のシーンが、受付です。会社の受付に声をかけるとき、素の自分が出るからです。相手によって態度を変える人は、笑顔もなく、ぼそぼそと声をかけます。「○○さんとアポとってるんだけど、つないでくれる?」と、初対面の受付の方に、馴れ馴れしい言い方をする人もいるかもしれませんね。

実は、当時のCAの試験では試験問題回収なども見られていました。面接という場面だけではなく誰であろうと、相手を尊重し、丁寧にあいさつする人格を身につけているかどうかが試されていたのです。

「そのような人格、身につけていない……。どうすればいいの?」と思われたあなた。よくぞ聞いてくださいました。日ごろの生活や仕事の中で、人間性を磨いていただくいい方法があります。

お掃除をする人と警備員さんにあいさつしてみましょう

それは、ふだんあまり目立たない仕事をしている人に、笑顔で声をかけることです。例えば、お掃除の方、ビルの警備員さんなど、どちらかといえば裏方のお仕事をされている方々です。こうした方々がいてくださるおかげで、私たちは快適に安全に毎日を過ごすことができています。感謝を込めて、「こんにちは。いつもありがとうございます」と笑顔であいさつすることで、人格が磨かれていきます。

マナーは、「あり方」(考え方)と「やり方」(技術)で成り立っています。誰にでも分け隔てなく丁寧なあいさつをすることは、「やり方」よりもむしろ「あり方」と深く関係しています。

とあるビジネスマナー研修の講師を務めさせていただいたときのこと。参加者の方々はお勤めが終わってからの研修だったにもかかわらず、１つひとつの項目と丁寧に向き合い、実践してくださいました。「これまで自己流でやっていたので、貴重な機会だった」と、たくさんの建設的な感想もくださいました。実際にやってみてどのような効果があったのかも語ってくださったのです。

マナーについて真摯に学び、素直に実践する。そのような参加者のみなさんの「心のあり方」がひしひしと伝わって、とても感動的な研修になりました。

表面的な対応ではなく、内面から磨く

商談の場、面接の場、打ち合わせの場、あらゆるところで、ビジネスのテクニックではなく、人としてのあり方が問われているように思います。どのような心の持ち主なのか、それは、普段からどのような態度や姿勢で人と接しているのかを見れば、すぐにわかります。

お掃除をしてくださる人に会ったら、笑顔であいさつしていますか？　それとも、声もかけず無視して通り過ぎますか？　あなたのその「あり方」を見ている人が、必ずいますよ。

この世の中はさまざまな職業や立場の人で成り立っています。社長だから偉いということもなく、人を肩書で判断するのはやめましょう。自分の周りの人に感謝の気持ちを持つと、面持ちも変わってきます。

★「魔法の1秒笑顔」―立ち居振る舞い編　その4
社長にも、清掃員にも、分け隔てなく笑顔であいさつする

5　90%の女性が失敗！　ひざ開きの座り方

気がかりなことは足元

最近の女性は、本当にきれいです。ヘアスタイルばっちり、メイク最高、ファッションもステキ。外見はほぼパーフェクトな女性が増えています。

でも、１つだけがっかりなことがあります。それは「足元」です。特に、椅子に座っているときの足元を見ると、目を覆いたくなることがあります。

膝を閉じましょう

足がパカッと開いてしまっている……。

机から上の上半身はきれいに装っていても、机の下の足がパカッでは、せっかくの美しさが台無しになってしまいます。

春といえば新入社員の季節です。ビジネスマナー研修シーズンに観察すると約９割の女性の膝が開いています。口に締まりがないと、なんだかだらしなく見えますが、足も同じことです。微差が大差を生むことがあります。気をつけたいですね。

足元も見られていることを意識

「でも、リラックスしていると、どうしても足が開いてしまうんです」とお声をいただいたことがあります。そうですね。気を緩めていると、体から緊張がとれ、足元もついダラッとしてしまいます。おうちでくつろいでいるときや、１人でゆっくりしているときは、それでいいと思います。

足元に気を配りたいのは、家の中にいるときではなく、スカートをはいていて職場や外出先にいるときです。このような場では、たくさんの人に自分の姿を見られています。その姿が、自分の第一印象を下げてしまうものだと、やっぱり残念ですよね。

特にサービス業に従事している人は、足元が開いていると、お相手に最高のおもてなしを届けられなくなるのではないでしょうか。食事をしているときや、座って会話をしているときなど、せめて人前に出ているときは、足元パカッは避けたいものです。

予防する方法は、簡単です。膝と膝をくっつけるだけ。同時に、口角を上げてニコッとすると、不思議と足元も締まります。

なぜか口の開きと膝の開きは連動していることが多いようです。

膝を閉じて品格アップ！

一瞬の見た目が素敵なのに下半身に目がいくと締まりのない人が多いのが現状です。ぜひ左の上下の写真も比較してください。

女性は可愛らしさも大事ですが、品格も大事だと、私は思っています。品格とは気高さや上品さが感じられること。品格があるとビジネスの上でも一目置いてもらえます。

まわりに大切にされていないような気がする、上から目線で見られている、と思っていたら、まずは自分の足元を見てください。もしパカッと開いていたら、膝と膝を合わせて座り、姿勢を伸ばして、ご自身の品格を取り戻してみてはいかがでしょうか。

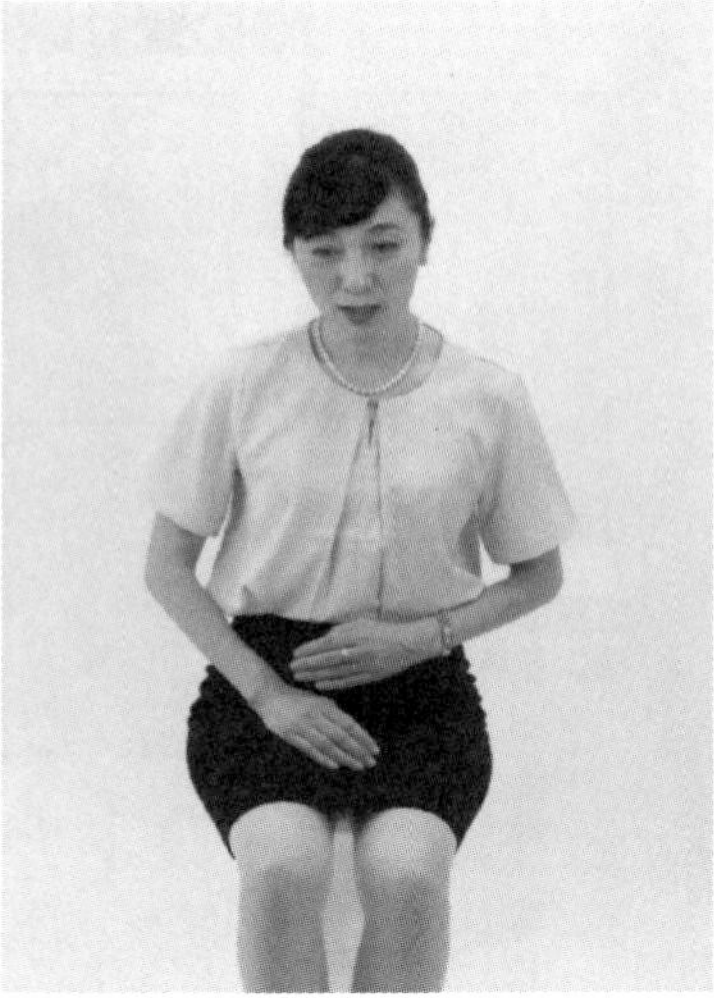

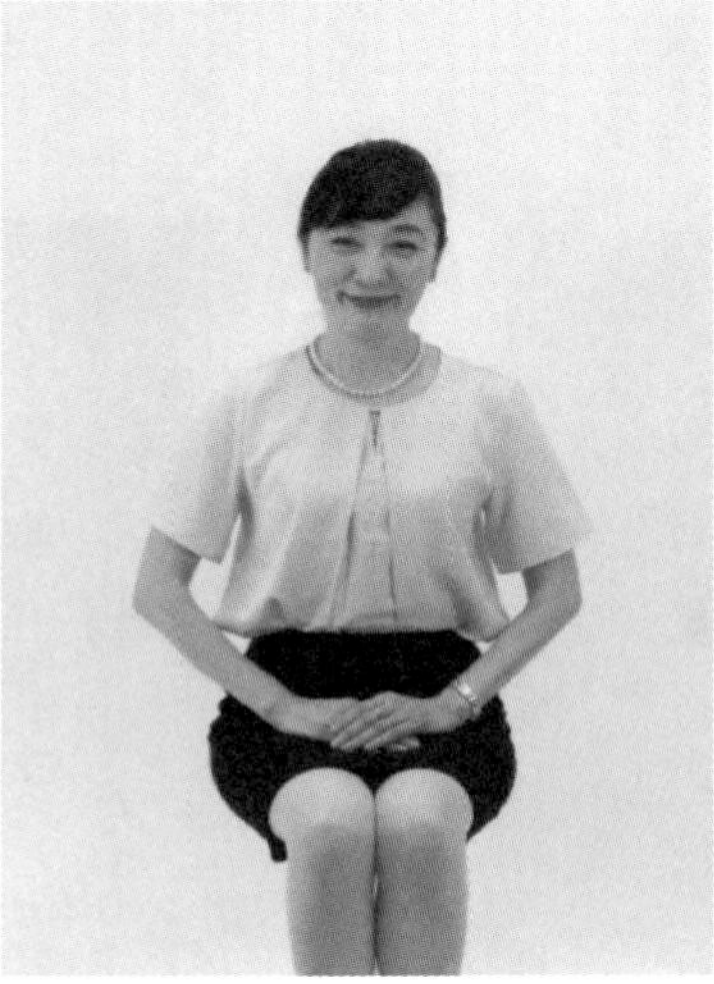

★「魔法の1秒笑顔」―立ち居振る舞い編　その5
膝（ひざ）のパカッを改善し、膝を閉じて品格を取り戻す

6　物の受け渡しは「虹のごとく」

物は腰より高い位置で、両手で持つ

お相手に物をお渡しするときのしぐさで、あなたの第一印象だけでなく、あなたの価値を上げることができます。

物の受け渡しのマナー

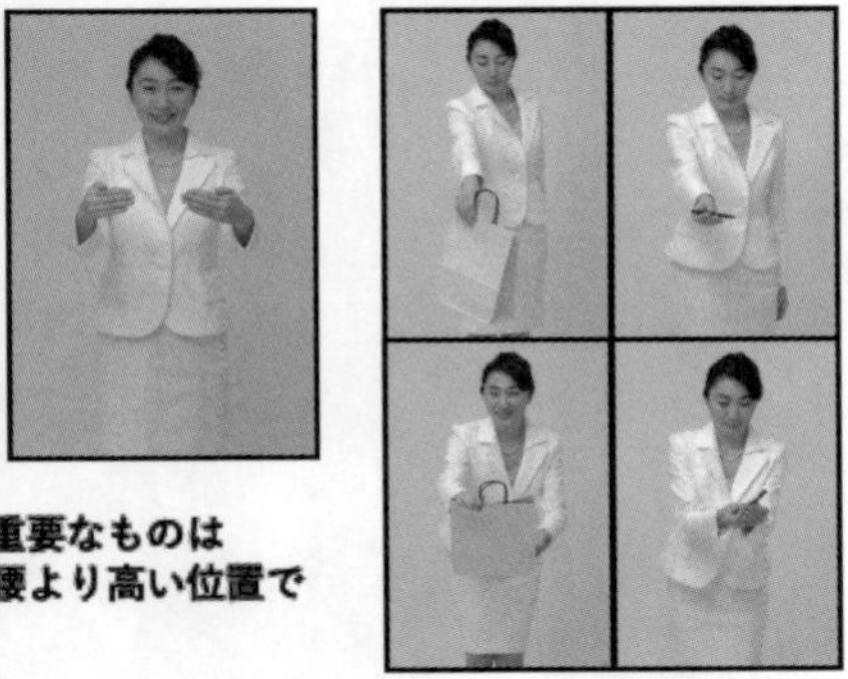

重要なものは
腰より高い位置で

×片手で渡すのは、
印象がよくない

○両手で渡して、
丁寧な印象に

例えば、お買い上げいただいた商品をお渡しするとき。まず、商品は腰より高い位置で、両手で持ちます。片手で持つのはＮＧ。商品の大切さが伝わらなくなってしまいます。

そして、自分と相手との間に虹を架けるように、弧を描いてお渡しします。こうすることで、優雅に、優しくお渡しすることができます。

物を「はい！」と真っ直ぐに差し出しているケースをよく見かけますが、直線的にサッと相手に物を差し出すしぐさは、相手を刀で刺すというイメージを抱かせてしまうことがあります。お相手によっては、びっくりされることもありますので、気をつけたいですね。

接待で好感度を高くするには

物の受け渡しマナーは、食事の席でも応用できます。例えば、宴会などで、上司やお取引先様にビールやワインを注ぐときです。

瓶を片手ではなく両手で持ち、腰の低い位置ではなく、高

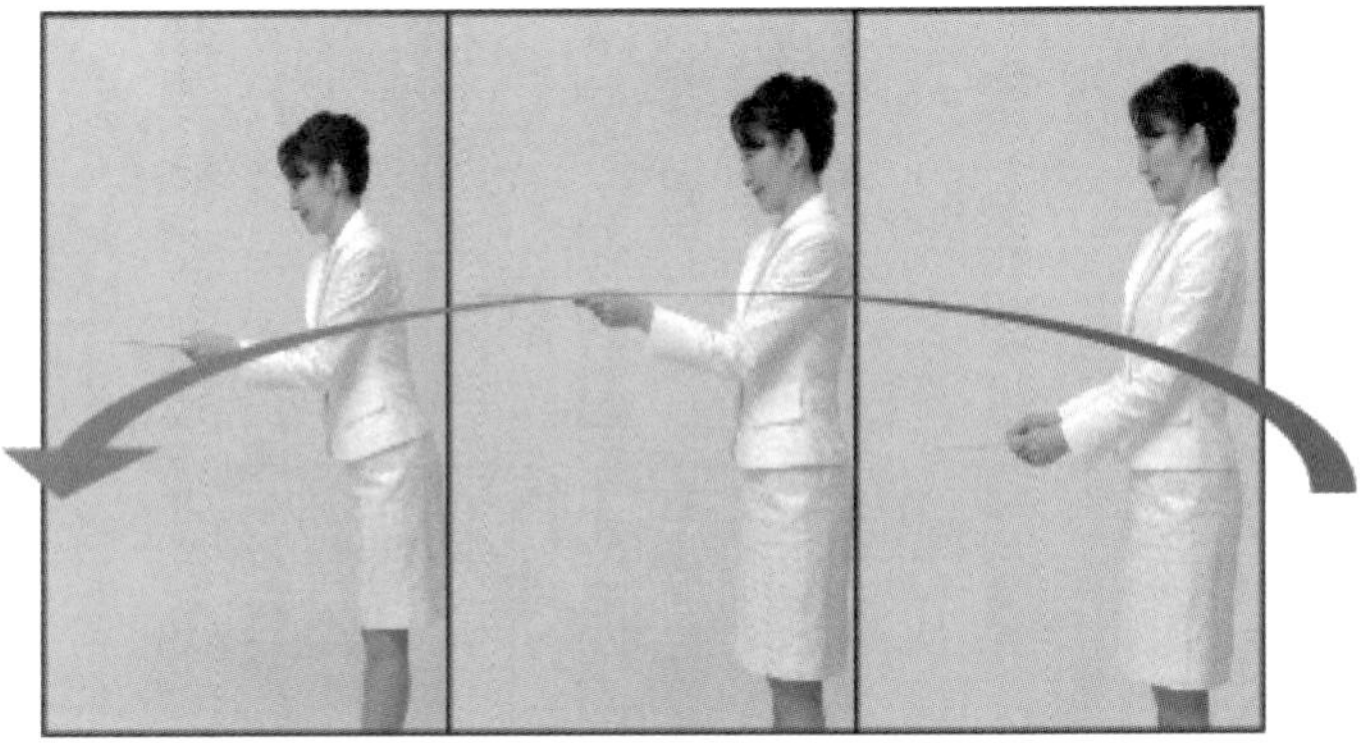

い位置に掲げます。そして、弧を描くようにお相手のグラスまで持っていき、お酒を注いでゆっくりと手元に戻す。これで、あなたの注いだビールやワインは、一瞬で高級酒に変わります。

美味しいビールの注ぎ方

手元に戻すときは、さっとすばやく戻すのではなく、ゆっくり、ゆったりがポイントです。一で注いで、二、三で戻すというイメージです。そうすることで、相手にあなたの配慮が伝わります。

ビールを注ぐときは、鼠尾馬尾鼠尾（そびばびそび）を意識してください。早口言葉のようですが、文字通り、鼠（ねずみ）のしっぽのように最初はちょろちょろと注ぎ、そこから馬のしっぽのように太く注ぎ、最後に小さくちょろちょろと注ぐと言う古来からの意味が込められています。

加えてラベルをお客様から見えやすいようにして最高の笑顔も添えることで一段とおいしくなります。

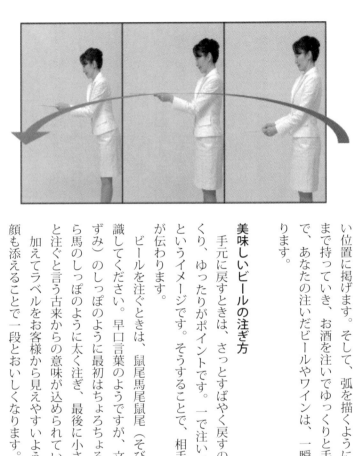

残心で印象に残る

また、「残心」という言葉があります。心を残す、つまり、相手への思いやりを残すということです。ゆっくりと手元に戻すという行動は、「もっとあなたと接していたい。お名残惜しい」という思いを、相手に伝える行動なのです。

ちなみに、お酒を注いだあと、手を添えて「どうぞ」と言うと、さらに優雅さがグレードアップ。もちろん、「魔法の1秒笑顔」も添えて。きっと、幸福感が広がるでしょう。

★「魔法の1秒笑顔」―立ち居振る舞い編　その6

物をお渡ししたり、お酒を注ぐときは、弧を描くように

7　エレベーターを快適にする上品マナー

エレベーターは見知らぬ人が集う場

エレベーターに乗るとき、扉が開くと同時にそそくさと乗り込み、無表情で立っている。そのようなエレベーターの乗り方をしている人は、少なくないのではないでしょうか。エレベーターは、見知らぬ人同士が集う場です。笑顔によって自分の第一印象を上げるには、最高の舞台とも言えます。

エレベーターに乗ったら、いち早く操作盤のあたりに陣取り、「開く」ボタンを押して、エレベーターに乗ってくる方々をお迎えします。そして乗り合わせた同乗者のみなさんと、次のようなやりとりをしてみてください。

好感度の高いエレベーターのマナー

あなた：「何階ですか？」（「魔法の1秒笑顔」をそえて）
同乗者：「あ、○階お願いします」
あなた：「はい、かしこまりました。○階ですね」（と言って笑顔で階数のボタンを押す）

このやりとりだけで、シーンとしているエレベーターの中に、さわやかな空気が流れ込むと思います。このエレベーターのマナーはＣＡの時代にしみついたかもしれません。エレベーターの奥は上座、新人は操作盤。今はそこまで厳しくないと聞いていますが、あえて、その厳しさが一生の財産になっています。マナーは一生モノです。エレベーターは、たくさんの人が一同に集まる場だと、先ほど申し上げました。だからこそ、快適な空間であることが重要です。

気づかないのか？　気づかないふりをするのか？

先日、ちょっと心がチクッとした出来事がありました。ある男性が、エレベーターの中で落ちていたゴミを拾ったのです。そのゴミは、私の目にも入っていたように思うのですが、考え事をしていて、ゴミに視点が定まらなかったのです。「マナーの仕事をしている私が、恥ずかしい…」と思い、反省しました。

ゴミがあっても、全く気づかない人、気づいても拾わない人、気がつかないふりをする人、気づいて拾う人。あなたは、どのような自分になりたいでしょうか?

エレベーターでのマナーも同じです。目の前に操作盤があっても、何もしない人、率先して階数を押す人、そもそもまわりの人にまったく気を配らない人。他人の行動を批判するのは簡単ですが、大切なのは、自分の行動を振り返ることですね。

ある経営者の方が、こうおっしゃっていました。

「自分たちのマナーができていないのに、お客様に対してどのような仕事をしたって説得力がない」

その通りだと思います。

一番やっかいなのは、気づいてもやらない、気がつかないふりをすること。そうにならないよう、いつも心に余裕を持って過ごしたいものです。

さらに心地よく過ごすマナーを2つご紹介します。1つ目は相手が「何階ですか」と言ってきたら「○階お願いします」と行為に対して反応することで笑顔の輪が広がります。2つ目は、来客状況を考え余裕があればエレベーターの階を1階に戻しておくと、お客様に対して親切なケースがあります。

★「魔法の1秒笑顔」ー立ち居振る舞い編　その7
エレベーターでは、率先して「何階ですか？」とお声がけし、操作盤を押す

8　お茶をいただく仕草で品格を上げる

お茶出しは、陶器か紙コップか

「インサートカップでのお茶出しは失礼ではないのでしょうか？」

そのような質問を受けたことがあります。年間を通じ、企業様からご依頼を受けるのが、来客応対のマナー研修。そのときに、お客様への「お茶出し」が必ず話題になります。

お茶をお出しするとき、陶器の器がいいのか、それとも使い捨てのインサートカップがいいのか。オフィス用品通販を行う企業のアンケートによると、次のような結果が出ています。

・お茶を出すとき、紙コップを使うことに問題はない…46・8％

・お茶を出されるとき、紙コップを使われることに問題はない…69・3％

つまり、お茶をお出しする側は、「紙コップだと失礼では？」と思っているのに対し、出される側は「別に気にしない」と感じている、ということです。意識の差を感じますね。

それでは、私の場合はどうか。お茶を頂戴する側としては、正直、どちらでもかまいません。ですが、お茶をご提供する側としては、やはり陶器でお出ししたいと考えています。陶器をお湯で温めるところから、すでに「おもてなし」が始まっていますし、環境にも優しいと思うからです。

衛生的な観点からいけば、インサートカップ。接客対応の観点からいけば、陶器。企業によってさまざまな考え方がありますが、陶器でお茶を出してくださる会社はまだたくさんある、と感じています。

押さえておきたいコーヒーのマナー

ところで、陶器でお茶を出されたとき、どのように召し上がっていらっしゃいますか？　お茶のいただき方1つで、自分の品格を上げることも落とすこともできます。

例えば、コーヒーを出していただいたとき。カップを片手で持ち上げてズズッと飲み、ガチャガチャと大きな音を立ててソーサーに戻す。コーヒーを出してくださった方に、「まあ、品のない飲み方…」と思われても仕方ありません。

コーヒーを飲むときは、テーブルが高いときはカップのみ。テーブルが低い場合はソーサーごと手に持ち、コーヒーがこぼれないように口元に運び、なるべく音を立てないでいただきます。いただいたあとは、カップの持ち手に小指を立て、ソーサー上に小指を置いてから、ゆっくりとカップをソーサーに戻すと、ガチャガチャ音をならさずにすみます。

陶器でお茶を出してくださるところは、心を込めてお茶を入れてくださっている可能性が高いと言えます。そのように入れていただいたお茶を、丁寧に、品よくいただくのも、マナーの一つではないでしょうか。

また、お飲み物を出す際に無意識に出すケースも見られます。

マナーは相手を思いやり、想いを形に表すものです。多くの人は右利きなので飲みやすい位置に置く、また相手に対して「魔法の１秒笑顔」で「どうぞ」と手の指を揃えて出すと好感度アップにつながります。

★「魔法の1秒笑顔」ー立ち居振る舞い編　その8
陶器でお茶を出していただいたときは、ソーサーに小指を立ててガチャガチャを予防

9　ずっと見ていたくなる！　美しいご案内

体をよく動かして案内する

「この人、ご案内がお上手だな」。そう思った人のしぐさや姿勢を観察していると、あることに気づきます。それは、体を動かしている、ということです。口だけで「あちらです、こちらです」と言うのではなく、ボディランゲージがともなっているのです。

例えば、会社に来られたお客様に、会議室の場所をご案内するとき、「あそこが会議室です」と指さすのではなく、「ようこそいらっしゃいました。あちらの会議室までご案内します」と言って、会議室の方向に手を差し伸べながら、お客様といっしょに移動してご案内する。このように、体をよく動かす人が、案内上手です。

案内上手の方々がよくやっている姿勢が、次に示すものです。ポイントを解説します。

【姿勢のポイント】

・体をオープンにする

体を開くようなイメージで、少しオーバーリアクション気味に手を差し出し、「こちらへどうぞ」と促します。手を使うことで、「手の位置に進めばいいんだ」ということを、暗にお相手に伝えられます。

〔ご案内の仕方〕

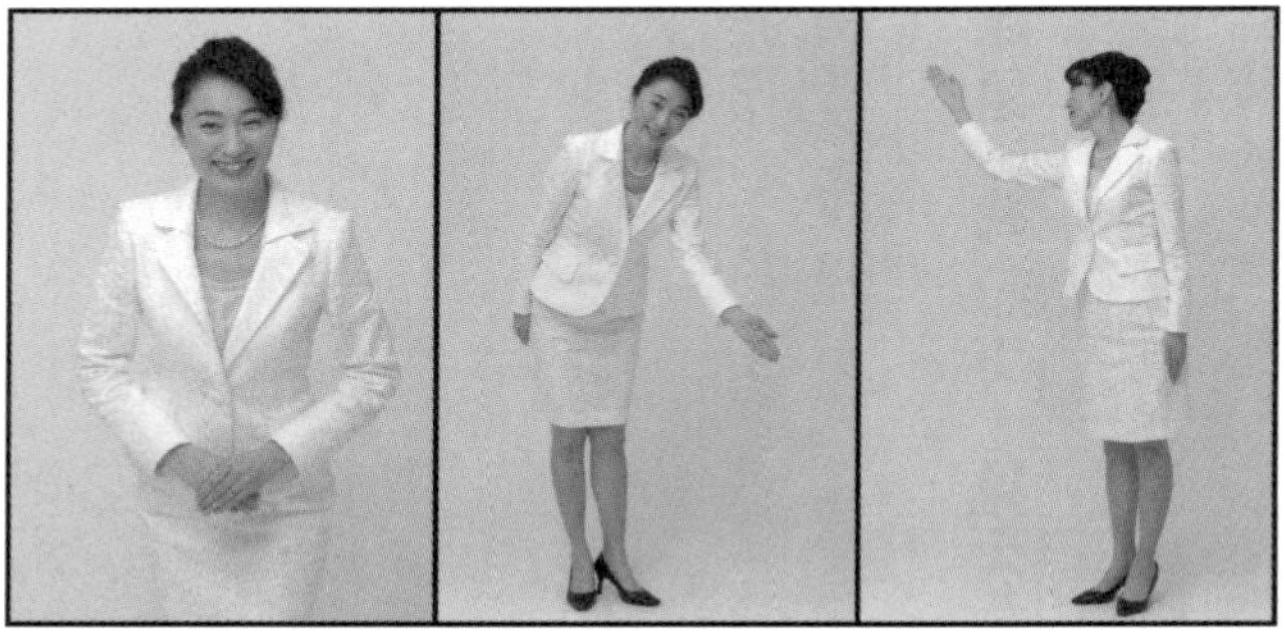

お伺いの姿勢　身体をオープンに　方向を見ます

・方向を見る、身体をオープンに

　ご案内する方向を見ます。このときに注意したいのが、手がさしている方向と、顔が向いている方向が合っているかどうかということです。もしこれがバラバラだと、お相手はどちらに進んでよいのかわからなくなります。

　また、右へご案内する場合は右手、左へご案内する場合は左手を指すことがスマートです。

・お伺いの姿勢

「どちらに行かれますか？」と相手に行き先をおうかがいするときは、両手を前で合わせ、上半身を少しだけ倒した状態で、笑顔で聞きます。こうすると、あなたのお話に耳を傾けますよ、ということが伝わるので、お相手はとても話しやすくなります。

　そのほか、お相手の目を笑顔で見る、指先をそろえる、といったことを実践すると、より美しいご案内になります。たった１つのご案内が、感動レベルにまでなることもよくあります。是非、やってみてください。

★「魔法の1秒笑顔」―立ち居振る舞い編　その9
ご案内するときは、方向を手で示す

10　印象に残る！　見えなくなるまで「お見送り」

おじぎにはファンをつくる効果がある

買い物をしたとき、おいしいものを食べに行ったとき、店員の方々が深々とおじぎをし、見えなくなるまでずっとおじぎをし続けてくれると、とてもうれしいですよね。「また買おう」「また行こ買いたい」という気持ちになります。

たかがおじぎと思うかもしれませんが、おじぎにはファンをつくる効果があります。同じ商品やサービスを提供していても、おじぎがいい加減な人からは買いたくないけど、おじぎが素晴らしい人からは人からは買いたい、と思うのが人情です。

お辞儀の仕方で人生が変わる

トヨタ自動車の高級車「レクサス」を販売する、レクサス星が丘店（愛知県）というお店がありま す。ここにいる警備員の方のおじぎが、大きな話題になったことがあります。お店を訪れるお客様だけではなく、道路を走るレクサスを見かけるたび、深々とおじぎをしていたからです。

レクサスは、日本中の販売店で販売されています。星が丘店で販売されたものもあれば、そうでないものも当然あります。道路を走る姿だけを見て、それを見分けることはできません。ですから、警備員さんがおじぎをしたレクサスの中には、星が丘店で売られていないものもありました。

でも、おじぎをし続けたのです。警備員さんは、「レクサスのおかげで、自分はこうやってお給料をもらえて生きている。星が丘だけでなく、すべての店舗でレクサスを買ってくださったお客様に感謝したい」という気持ちで、おじぎをされていたそうです。

その姿勢が、「レクサスを買いたい」というお客様につながっていくのです。自分が会ったこともない方におじぎし続けた姿勢が素晴らしいと思います。

感謝力が大切

マナーはテクニックではありません。心からわき上がる感謝や思いやりを形にしたものです。つまり、心のあり様が表れるものなのです。おじぎもそうです。心底からの感謝があれば、自然と「おじぎをする」という行為をしたくなります。時々、お見送りをして顔を上げる瞬間に真顔になり、次の動作へ移る方がいらっしゃいます。お客様が振り返り、残念な想いに繋がることを心にとめてください。是非、感謝力を高め、「魔法の1秒笑顔」をプラスし、お相手のお別れを惜しむような愛に包まれたおじぎをすることでお互いが幸せな時間になるでしょう。

★「魔法の1秒笑顔」ー立ち居振る舞い編　その10
お見送りのときは、心からの感謝を込めて

11　品格の法則（クロス・キツネ・キス）

クロスの法則

クロスの法則をご存知ですか。これは、プライベートで使えるお話です。

例えば、右耳のイヤリングを左手で外し、左耳のイヤリングを右手で外します。その際、顔を少し前傾気味、視線を落としてにっこり微笑む。以前、婚活セミナーで女性向けにやってみせたら大盛り上がりでした。

キツネの法則

モノを拾うときに、ついつい無造作にかがみながら拾うことはないでしょうか。

拾うものの側に立ち背筋を伸ばし少し身体をひねって腰を落とします。そのときに、ユーフォーキャッチャーのように5本の指を全部出して広げて拾うのでなく、人差し指と中指を揃え親指でつまむようにしましょう。

キツネの手のように拾うと、品格がアップします。

キスの法則

キスの法則をご存知ですか。無意識にしているとついつい猫背になってズズ～とカップに口を運び飲むかたがいらっしゃいますが、美しくありません。

できれば、飲み物をいただくときは、カップだけ口元に寄せるのではなく、カップが近づいたところで上半身もカップにそっと寄せると美しく、品を感じるでしょう。

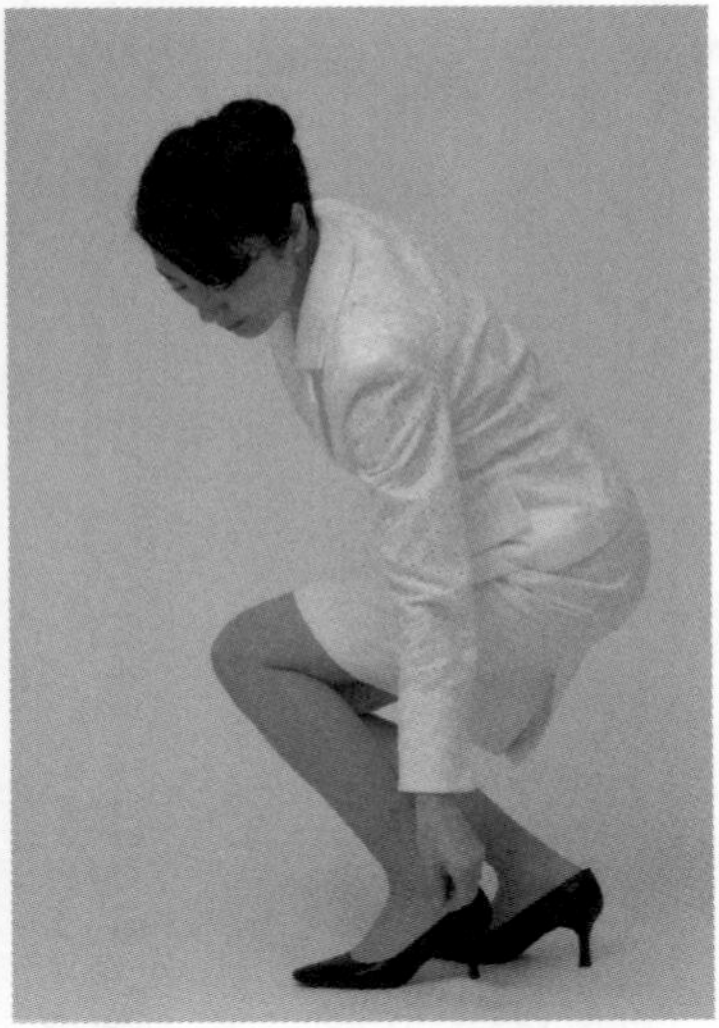

★「魔法の1秒笑顔」ー立ち居振る舞い編　その11
品を感じる立ち居振る舞いを心がけて

第6章　「魔法の1秒笑顔」で、話し方・言葉遣いも品格アップ！（実践編）

1　滑舌は「ハッピー」発声練習で笑顔になれる

カツゼツは日常生活の意識から

私、滑舌悪いんです…というお悩みをお持ちの方、少なくありません。会話のときによくかむ、どもる、何度も言い直してしまう等々。はっきりと言葉を発せられないことが気になって、会話を楽しめず、笑顔が消えてしまうこともあるのではないでしょうか。

滑舌という理由で笑顔をなくしてしまうのは、せっかくのあなたの魅力がもったいないです。それに、滑舌はトレーニングによって改善できることをご存知でしょうか？　例えば、劇団員のみなさんが行っている「アメンボ赤いなあいうえお」という発声練習。お芝居をする俳優さんの滑舌がいいのは、こうしたトレーニングをしっかりしているからです。

「日常生活の中で、発声練習なんてしたことがない。何だかはずかしい……」と思われますか？実際にやってみると、大きな効果を実感できると思います。

私の研修を受けてくださった方が、研修後、このような喜びの声をくださったことがあります。

「車の中で、発声練習など大きな声を出すようになって、お客様への印象も変わり、自分自身も気分的にへこまなくなりました！」

いかがでしょうか。滑舌を改善することは、単に会話でかんだりどもったりすることを予防するだけではなく、自分への自信を生む効果もあります。

はずかしいようでしたら、この方のように、車の中でやってみたり、カラオケボックスで練習したりするのもおすすめです。人前でキラキラしながら話している自分を想像しながら、取り組んでみてください。リラックスして、笑顔で楽しく行うことがポイントです。実は、私も１人で車に乗ったときは、絶賛、車内でカツゼツトレーニングをしています。コツコツがコツです。

カツゼツレッスン（※笑顔で行うと効果大です）

①口の開け方トレーニング

・肩を回し、リラックス。腹式呼吸がポイント。お腹から声を出してみましょう。

・カツゼツは母音が基本です。あいうえおをはっきり、くっきりと発声してみましょう。

・ご自分の自己紹介を、母音のみで発音もおすすめトレーニングです。

例えば、「初めまして、杉浦　永子と申します」「あいえあいえ、ういうあ、ああおおおういあう」。頭の体操にもなり、一石二鳥です。

・あいうえお、あ～い～う～え～お～。一音、一音ゆっくり伸ばす。

・あっ、いっ、うっ、えっ、おっ。スタッカートのように切る練習もお腹を使い効果大です。

②五十音順トレーニング

・これは、あ行からわ行まで入っているので、おすすめの練習方法です。

〔カツゼツレッスン基本〕

あ:口を大きく開け、縦に指2･3本分ぐらいを開けて発声する
い:えの口の形より横に広げて発声する
う: おの口の形より唇をすぼめ、指1本分くらい入る大きさで発声する
え:あの口の形から横に広げ、唇の上下を狭くして発声する
お:唇をとがらせるイメージですぼめて発声する

【早口言葉】
お綾や、親にお謝りなさい×3回
生麦生米生卵×3回

〔カツゼツをよくするトレーニング法〕

A.B.C　あめんぼ赤いな　あいうえお　浮き藻（も）に　小えびも泳いでる

A.B.C　柿の木栗の木　かきくけこ　きつつきコツコツ　枯れケヤキ

A.B.C　ささげに巣をかけ　さしすせそ　その魚（うお）　浅瀬で刺しました
（注：「ささげ」の「げ」は鼻濁音で発音します。）

A.B.C　立ちましょラッパで　たちつてと　トテトテ立ったと　飛び立った

A.B.C　なめくじノロノロ　なにぬねの　納戸（なんど）にぬめって　何ねばる

A.B.C　鳩ぽっぽホロホロ　はひふへほ　日向のお部屋にゃ　笛を吹く

A.B.C　まいまいねじ巻き　まみむめも　梅の実落ちても　見もしまい

A.B.C　焼き栗　ゆで栗　やいゆえよ　やまたに火のつく　宵の家
（注：「栗」は両方とも鼻濁音で発音します。）

A.B.C　雷鳥は　寒かろ　らりるれろ　れんげが咲いたら　るりの鳥

A.B.C　わいわい　わっしょい　わいうえを　植木屋井戸がえ　お祭りだ
（注：「井戸がえ」の「が」は鼻濁音で発音します。）

出典　北原白秋・作詞

・暗記をすると1分で終わります。
・鼻濁音とは、鼻にかかります。例えば、「学校」は濁音で、「鏡」は、鼻濁音です。
・発声したものを録音して聴いてみましょう。評価ですが、大変クリアーに聞き取りができたらA、普通に聞き取れるレベルはB、もう少し練習が必要ならC、少し厳しめにチェックするとオリジナルの練習帳になります。カツゼツレッスンも笑顔で行うと楽しさ倍増です。

★「魔法の1秒笑顔」―話し方・言葉遣い編　その1
滑舌はトレーニングで改善できる

2　笑顔があふれる魔法のクッション言葉

会話にも効率性が求められている

あなたは、誰かと会話するとき、いきなり話し出しているでしょうか。それとも、会話の許可を取っているでしょうか。

時代のスピードが速くなる中、会話にも効率性が求められているように思います。要点だけを述べるテキパキした会話も状況によってはいいものですが、あまりにも効率を追求され驚いたことがあります。身内が入院した際に、家族に向かって看護師さんが「あんた、何歳？」と聞いてきたのです。「失礼ですが」「恐れ入りますが」等、一言あれば違う雰囲気になったと思います。

人間関係の潤滑油、クッション言葉

「クッション言葉」をご存知ですか。クッションとは、衝撃を和らげるという意味。いきなり言いたいことを切り出すと、お相手によっては圧力を感じたり、迫られているような感覚を持つことがあります。でも、会話に入る前に、クッションとなる言葉をはさむことで、それを和らげることができます。

誰かと向かい合って、片手を前に真っ直ぐ伸ばしてください。お相手との間にあるその距離を「パーソナルスペース」と言います。パーソナルスペースを超えて他人が近づいてくると、人は不快感を覚えます。恐怖心や不安を感じる人もいるでしょう。ですから、人と接するときは、パーソナルスペースをきちんと空けて接することが大切です。

実は、会話も同じなのです。前置きなく本題に入る会話は、相手のパーソナルスペースに無言で踏み込むことと同じ。お相手は「うっ……」となり、あなたを警戒します。

おうちにうかがうときに「失礼いたします」「お邪魔いたします」と一言声をかけるように、会話するときも一言、「ただ今、よろしいでしょうか？」「さっそくではございますが……」など、クッション言葉を入れる。たった一言ですが、のちの会話がとてもスムーズに、心地いいものになります。

〔クッション言葉の例〕

場面	クッション言葉（例）
依頼する時	恐れ入りますが、お手数お掛け致しますが
お詫びするとき、断る時	申し訳ございませんが、生憎ではございますが
尋ねる時	差し支えなければ
要件を切り出す時	早速ですが、早速ではございますが
話しを止める時	お話し中失礼致します、お話し中恐れ入りますが
再度、聞き返す時	恐れ入りますが、もう一度お願いしてもよろしいですか？
名前を確認する時	失礼ですが、お名前をお伺いしてもよろしいですか？

相手の立場を考えた言葉遣い

会話だけでなく、ＳＮＳやメールでのやりとりにも、クッション言葉は重要です。夜遅い連絡なら、「夜分に失礼いたします」。朝早い連絡なら「早朝から失礼いたします」。これがあるかないかで、あなたに対するお相手の印象はガラリと変わります。

「失礼いたします」というたった一言の思いやり。対面だけでなく、インターネットでのやりとりが増えたからこそ、大切にしたいですね。日常生活やビジネスの場で使える「クッション言葉」をいくつかご紹介します。ご活用ください。

クッション言葉は人間関係の潤滑油。「魔法の1秒笑顔」も添えて、笑顔につながる人間関係を築きましょう。

クッション言葉は状況に応じて

私の前職である客室乗務員の教育や習慣がしみついていると感じることがあります。夫の実家で義理の父に対し、昼食後、少し迷った表情でちゅうちょしながら「お父さん、よろしければ、お茶いかがですか」と聞くと、夫に「お茶を入れたほうがいいと思うなら、入れて持ってきたらいい」と言われて絶句したことを覚えています。なんでも許可を得ればいいのではなく、さり気ない対応も必要です。笑顔で「どうぞ」とお茶が出てきたら相手の気分も心地よくなることもあるでしょう。柔軟に対応したいですね。

★「魔法の1秒笑顔」―話し方・言葉遣い編　その2
話を切り出す前に、「クッションの衝撃を吸収」でコミュニケーションの衝撃を吸収

3　気をつけたい！　NGな若者ワード

カジュアルな若者ワードは時と場合をわきまえて使う

「やばーい！」「まじ〜！」「ぶっちゃけ〜」「超○○〜」といったカジュアルな若者ワード。全部が全部いけない、ということではありませんが、時と場合をわきまえて使いたいものです。

気の合う人同士で、遠慮のない雑談を楽しんでいるときは、こうした言葉を使ってもかまわないと思います。ただし、ビジネスの場で使ってしまうと大変。せっかくのあなたの品格がガクンと下がってしまいます。

それに、こうした言葉を日ごろから使っていると、何かの拍子にポロッと出てしまうものです。言葉管理に自信のない方は、これを機に、若者ワードから卒業されてみてはいかがでしょうか？

〔ビジネスシーンにおける言葉遣い〕

カジュアルな表現	丁寧な表現
① 目上の方に「ご苦労さまです」	
② そのとおりです、そうです	
③ わかりました	
④ そんなことはできません	
⑤ お客さんが来ました	
⑥ トイレはあっちです	
⑦ お名前をいただいてもいいですか	
⑧ 待たせてすみません	
⑨ ちょっとお待ちください	
⑩ 私が聞いておきます	
⑫ 何か用ですか	
⑬ 今、責任者を呼んで来ます	
⑭ 私的には、この商品がオススメになります	
⑮ 1万円からのお預かりでよろしかったでしょうか	
⑯ 資料の方をお持ちしました	
⑰ すいません、わかりません	
⑱ これが領収証の方になります	

〔ビジネスシーンにおける言葉遣い　回答例〕

カジュアルな表現	丁寧な表現
① 目上の方に「ご苦労さまです。」	お疲れ様です
② そのとおりです、そうです	さようでございます　仰る通りです
③ わかりました	はい、かしこまりました　　承知いたしました
④ そんなことはできません	申し訳ございません　そのようなことはできかねます＋@
⑤ お客さんが来ました	お客様がいらっしゃいました
⑥ トイレはあっちです	お手洗いはあちらでございます
⑦ お名前をいただいてもいいですか	失礼ですがお名前を伺ってもよろしいですか？ 失礼ですがお名前をお聞きしてもよろしいですか？
⑧ 待たせてすみません	お待たせして申し訳ございません
⑨ ちょっとお待ちください	恐れ入ります、少々お待ち頂けますか？
⑩ 私が聞いておきます	よろしければ,私が承りますがいかがでしょうか？
⑫ 何か用ですか	失礼ですがどのようなご用件でしょうか？
⑬ 今、責任者を呼んで来ます	ただ今、担当の者を呼んで参ります
⑭ 私的には、この商品がオススメになります	私は、こちらの商品がお勧めでございます。
⑮ 1万円からのお預かりでよろしかったでしょうか	1万円のお預かりでよろしいでしょうか？（お預かりいたします）
⑯ 資料の方をお持ちしました	資料をお持ちいたしました。いかがでしょうか？
⑰ すいません、わかりません	申し訳ございません。１ｑかりかねます＋α
⑱ これが領収証の方になります	こちらが領収書でございます

この表は企業研修でも行っている、カジュアルな表現を丁寧な表現にする言葉遣いです。最初に回答をみないでチャレンジしてみてください。

3D言葉を控えましょう

こうした丁寧な表現を日ごろから心がけることが大切ですが、更に大切なことがあります。それは、3D言葉を使わないことです。

D＝どうせ〜、D＝でもさぁ〜、D＝だってぇ〜

この言葉を使っていると、それが現実化します。どうせ私なんか…、でも無理だし…、だって時間がないからetc…。そう思い込むと引き寄せの力が働いてしまいます。そのような「3Dの罠」にはまらないように意識してみませんか。今、幸せですか？　自らの可能性はご自分の言葉を変えていくだけでも好転していきます。

言葉は言霊。魂が宿っています。同じ使うのなら、「魔法の1秒笑顔」を意識することで前向きになり共に幸せが倍増していきますよ。

★「魔法の1秒笑顔」ー話し方・言葉遣い編　その3
丁寧な表現をマスターし、3D言葉を卒業

4　笑顔をつくる！　笑顔言葉リスト

ポジティブな言葉を使う

人の体は、食べたものでつくられます。今日食べたものがいいものであれば、健康な体がつくられていきますし、よくないものであれば、不健康な体づくりにつながります。とても当たり前なことかもしれませんが、意識していきたいものです。

自分が発する言葉にも、同じことが言えます。ポジティブな言葉を言い続けたら、ポジティブな自分がつくられますし、ネガティブな言葉を言い続けたら、ネガティブな自分がつくられます。

今日、どのような言葉を使うか。これがとても重要なのです。今日の言葉が、明日のあなたをつくるのですから。「できない」「ダメだ」「無理無理」「どうせ自分なんか」という言葉を使うと、明日のあなたは、どのようなあなたになっているでしょうか？　ダメなあなた、無理なあなたに近づいていると思いませんか？　だからこそ、今日から、今から、ネガティブ言葉を控えてみませんか？

「しまった……。これまでネガティブな言葉ばかり使ってきた……」という場合も、心配いりません。これからポジティブな言葉を使っていけば、だんだんとポジティブ人間になることができます。

口にすると元気になれる「笑顔言葉リスト５選」をご紹介します。

笑顔言葉リスト5選

・**大丈夫**…不安になったら「大丈夫大丈夫」という言葉を使うと、気持ちが上向きます。漢字をじっくり観察してください。ある方に教えていただきましたが、大丈夫と言う漢字には全て「人」が隠れています。大の中の人は、自分という人、丈の中の人は、家族、夫は、あなたを応援する仲間です。

・**ラッキー！**…いいことが起こったときはもちろん、悪いことが起こったときも、あえて「ラッキー」と言葉に出すと、ピンチがチャンスに思えてきます。ピンチは成長できるチャンス。事実は1つ、解釈は無限です。

・**ハッピー**…ちょっといいことがあったときに笑顔で「ハッピー」と言うと、より幸福度が増します。幸せに生きるコツは、足るを知ること、幸せのハードルは低いほうが日々、喜びも発見も多いですね。

・**何とかなる！**生きていれば色々なことが起こりますが、心の底から何とかなる！と思っていれば何とかなります。そうなんです！根拠のない自信もときには大切です。日々、なんとかなる！と思っているので現実化していきます。

・**OK！**…どのようなあなたでも、どのような相手でも、まずはすべてOKにすることで、自分も相手も全肯定できます。受け入れることから全てはスタートします。そこから、どこまで可能かどうか見極めていけばよいのです。

最初に発する言葉は、周囲に影響する

ほかにも、ポジティブになれる言葉はたくさんあります。自分が「これが好き！」と思う言葉を書き出してみると、自分だけの笑顔言葉リストができ上がります。ネガティブになりそうになったら、つぶやいてみてください。コップの水に半分の水が入っていて、半分しかないと思う人もいるし、半分もある！　という見方をする人もいます。何事もポジティブ思考になればいいものではなく、中庸的な物の考え方、事実をそのまま受け止める思考も必要です。状況によって使い分けたいものです。

余談ですが、ある会社では「これは難しい……」という言葉を使うのをやめて、「やりがいがある」「これができたらすごい！」という言葉を使うようになったところ、生産性が上がった、という話もあります。笑顔言葉には、会社の業績を上げる効果もありそうですね。研修でも、口癖のように「難しい」「無理～」と発する方がいらっしゃいます。するとどうでしょう？　周囲にもその影響は及ぼします。そのときの表情は、眉間にしわが寄っています。感情も表情も伝染していきます。私は企業研修において、結果・成果につなげたくても、腕を組み否定的なことを言う数名の方に頭を悩ませていました。そこで研修のルールをつくり、「難しい、無理」と出たら、「う～ん、やりがいがある」と発するよう依頼しています。自分の表情や言葉や態度には、大きな力があることを押さえておきましょう。

まずはご自分がどのような言葉を使っているのか、振り返ってみましょう。

★「魔法の1秒笑顔」―話し方・言葉遣い編　その4
人は言葉でつくられる。笑顔言葉で周りにもいい影響を与える

5　笑顔になれる「寄り添い言葉」

相手に合わせた言葉遣いがあることを理解しましょう

落ち込んでいるとき、「大丈夫、こうすればうまくいくよ。だからやってみよう！」と言われると、あなたは元気になれるほうですか？　それとも、げんなりするほうですか？

以前の私は、娘が落ち込んでいるとき、励ましやアドバイスの言葉をたくさん投げかけていました。よかれと思ってそうしていました。でもある日、娘からきっぱりこう言われたことがあります。

「お母さんに、アドバイスは求めていません」

え？　と思いました。しかし、しばらくして、この言葉の意味がわかりました。娘は、アドバイスしてほしいわけではなく、自分の気持ちにただ寄り添ってほしかったのです。

悩んだり困っている相手に対し、最初から「大丈夫！」と言ってしまうと、相手は「私がどんなにつらいのか、この人はまったくわかっていない」と思ってしまい、あなたの言葉を聞き入れなくなります。

聞く耳を持っていただくためには、まずは相手の心に寄り添い、信頼関係を築く必要があります。人は「自分のことをわかってくれた」と思ったとき、気持ちが上向き、初めて他人の話を聞く気になれるのです。

周囲との関係性を良好にする寄り添い言葉

「ああ、それは大変でしたね」「しんどかったですよね」「焦りを感じたのですね」

こうした「寄り添い言葉」で、相手のつらさに思いを馳せると、それだけで相手はいやされます。

そして、あなたに歩み寄ってくれます。

なお、寄り添うときには、状況に寄り添う場合と、感情に寄り添う場合の２種類があることを頭に置いておきたいものです。状況に寄り添うとは、「お忙しいですね」というふうに、いま起こっている出来事に寄り添うことです。一方、感情に寄り添うとは、「悲しかったですね」「つらかったですね」と感情に寄り添うことです。

特に人々の気持ちを大切にしているタイプには、感情に寄り添う言葉が効果的です。「寄り添い言葉」には、その言葉をかけた相手をいやす効果がありますが、それだけではありません。自分自身をいやす効果もあるのです。

人間は、言葉を聞いているとき、主語を感知せずに聞いているそうです。誰かに向かって「大変でしたね」と言っているのに、脳はそれを「自分に向かって言われた言葉」としてとらえているのだそうです。ですから、誰かに向かって「寄り添い言葉」を使えば使うほど、自分も寄り添われ、励まされ、いたわられるのです。

大変そうだな、眉間にしわが寄っているな、と思う人に出会ったら、まず「寄り添い言葉」を使ってみてはいかがでしょうか。お互いが優しい気持ちになれるでしょう。

ただし、企業研修では注意が必要で、個人面談をする機会も増えました。じっくりと相手の話に耳を傾け、相手が何を求めているのかという傾聴は大切なのですが、人によってはその沼から抜け出せなくなることがあります。ビジネスの世界では生産性も求められるので、目標に向かって話を切り替えることも時には必要です。ステップとして、始めに相手のことを観察します。次に寄り添い言葉をかけ信頼関係を築き、その後、やる気・笑顔につながる質問をしてみましょう。

★「魔法の1秒笑顔」ー話し方・言葉遣い編　その5

「寄り添い言葉」で、他人も自分もハッピーに

6　私の大切な人に「ありがとう」習慣

ありがとうの反対言葉は？

「ありがとう」を漢字にすると、どうなるでしょうか。そうです。「有り難う」です。有ることが難しい、と書きます。

それでは、「ありがとう」の反対語は何でしょうか。それは「当たり前」です。有って当然、です。

私たちがこうやって存在しているのは、当たり前のことではありません。奇跡的なことです。生んでくれた両親がいて、その両親を生んでくれた祖父母がいて、その祖父母を生んでくれた曾祖父母がいて…。自分が生まれる30代前までさかのぼると、10億人を超えるご先祖様がいなければ、自分はこの世に存在していなかったことになるそうです。すごい人数ですよね。まさしく奇跡です。

身近な存在にこそ、ありがとう

赤の他人には「ありがとう」と言えるのに、身近な家族には「ありがとう」を言えない……という声をよく聞きます。家族にこそ感謝の言葉を伝えてほしい思っています。なぜなら、自分という奇跡の存在を生み、育んでくれている人だからです。

人間は、1人で生きているわけではありません。「自分はこれまで、たった1人で生きてきた」という人でも、おぎゃあと生まれたときから「私、自立してるわ」と言って、1人で食べる物を見つけ、寝るところを見つけてきた人はゼロだと思います。誰かがお世話してくれたからこそ、ここまで大きくなってこられたのです。

そこに家族がいるのも、家があるのも、食事があるのも、ベッドがあるのも、すべて誰かのおかげです。その誰かがいなかったら、いま目の前にあるものは、存在していなかったかもしれないのです。当たり前のことではありませんよね。有り難う、なのです。

ありがとうを本気で伝えていますか

ある子育て支援の会社で、マナーのスキルアップ研修をさせていただいたことがあります。その会社の経営理念は、「私達は、『ありがとう』を言い『ありがとう』を言われる人になり、感謝される組織を目指します」でした。すばらしい理念だと思いました。

子どもたちも周囲も笑顔にしたい。思いやり支え合い「ありがとう」があふれる場所ですと掲げ、代表の方が自ら体現されています。本気のありがとうが伝わり、周囲にもよい循環が生まれています。１人ひとりがやりがいを感じながら仕事をしているので、笑顔の輪が広がっています。

人から何かしていただいたことに御礼を言うのはもちろん、何も言わなくてもそばにいてくれる家族、仲間、友達。そうした大切な人に、「ありがとう」を伝えるのは、とても大切なことだと思いませんか。最初はちょっとはずかしいかもしれませんが、物を渡してくれたとき、ごはんを作ってくれたとき、掃除をしてくれたとき、「ありがとう」と言ってみる。すると、自分でも驚くくらい、愛と感謝があふれてきます。

研修では時々仕事ではお礼を言えても、身近な家族に言えていないと気づかれた人もいます。ありがとう、という感謝には労い、思いやり、優しさ、心配り、尊重など相手を心から想う気持ちがたくさん詰まっています。

今日ここにあることに感謝。ともに過ごしてくれる人に感謝。それだけで、豊かな一日が生まれるのではないでしょうか。ありがとうを本気で伝えていきましょう。

★「魔法の1秒笑顔」―話し方・言葉遣い編　その6
身近な人にこそ、笑顔で本気の「ありがとう」を伝える

7　ハッピーサイクルをつくる「お願い言葉」

人に頼ることはすばらしいこと

人を頼ったり、誰かにお願いしたりするのを、「悪いな」「申し訳ないな」と思って遠慮してしまう。そのような方が多いのではないでしょうか。それは相手への気遣いであり、思いやりでもあるのですが、自分がしんどいのに、誰にも頼れないと、ますますしんどい状態になります。そのようなときは、「自分自身への思いやり、足りているかな」と自己チェックしてみてください。

どのような問題でも自分で解決したり、何でも自分でこなしたりすることは、すばらしいことです。でも、同じくらいすばらしいのが、人に頼ることです。なぜなら、それがお相手の承認欲求を満たすことになるからです。

人の「３つのたい」を満たしましょう

人には３つの「たい」があると聞いたことがあります。認められたい、役に立ちたい、ほめられたい、という欲求です。誰かに頼られ、「ありがとう！」「あなたがいてくれて助かった！」「すごいね〜。このようなことまでやってくれたんだ！」と言われると、うれしいですよね。「またいつでも頼ってね」と言いたくなります。

助けたり、助けられたり。それが人間関係だと思います。人という文字は、人と人が支え合っている様子を表しているといいます。あなたが支えることもあれば、支えられることもある。だから、困ったとき、しんどいとき、疲れたときは、人に頼っていいのです。

周囲に甘え上手になりましょう

人に頼るときに心がけておきたいのは笑顔で、「お願い言葉」を添えることです。「これ、やっと

〔３つの「たい」を満たすとやる気がUP！〕

認められたい！

褒められたい！

役に立ちたい！

いて」とぶっきらぼうに言われると、相手は「上から目線で何言ってんの？」と不愉快な気持ちになります。３つの「たい」が満たされないからです。人に何かをしてもらうときは、そのお礼として、お相手の３つの「たい」を満たせる関わりをしたいですよね。

そのような関わりをするために「お願い言葉」の例をご紹介します。

①疲れているときに申し訳ないんだけど、ちょっとこれ、お願いできないかな？

②いつも協力してくれてありがとう。今回も協力してもらえるとうれしいんだけど、どうかな？

③あなたの力が必要なの！　頼みます！

④○○さんだから、この頼み事ができるのよ！お願いします。

いかがでしょうか。縁の下の力持ちタイプの人には①か②、リーダータイプの人には③か④の声かけをすると、お相手の「たい」を満たせるのではないでしょうか。

ちなみに、私がよく子育て中に使っていたのは、「一生のお願い作戦」です。「ゴメン！一生のお願い！」と、よく相手に頼み込んでいます。一生のお願いは3回まで、といわれますが、私は優に三回を超えています。何度してもいいと思っています。

相手の「たい」を満たせて、自分のつらさやしんどさも軽くできる。お互いをハッピーにする循環をつくってくれるのが、「お願い言葉」です。積極的に使ってみてください。

★「魔法の1秒笑顔」―話し方・言葉遣い編　その7
3つの「たい」を満たす「お願い言葉」で、自分も相手もハッピーに

8　否定を肯定に変える「笑顔変換フレーズ」

無理といわなくなったら生産性が上がった話

ある会社が「これは無理だ」という言葉を使わなくなってから、生産性が上がった、というお話をしました。つまり、言葉は人の脳に影響を与え、生産性にまで響くということです。

でも、日常生活を送っていると、「う……」と思ったり、「ああ……」とへこんだりすることがよくあります。そのようなときは、ついマイナス言葉を言いたくなります。うまくいくことだらけの人生ならよいのですが、そうはいかないですものね。

笑顔変換フレーズ

マイナス言葉を言いたくなったとき、私たちができる言葉の工夫は何か。それが「笑顔変換フレーズ」です。イヤだな……と思うことを、ハッピー！と思う言葉に変えていくのです。

ある医療現場での研修では、このような「笑顔変換フレーズ」の練習をしたことがあります。

【患者さんあるある★笑顔変換フレーズ】

あの患者さんは…

ナースコールが多い↓私たち、頼りにされている

訴えが多い↓正直な人

不愛想↓クール

せっかち↓時間管理がしっかりしている

威圧的↓自分の考えをしっかり持っている

これはあくまで一例です。言い換えは1つではなく、いくつもバリエーションがあります。言い換えをいくつも知っていると、何かあったとき、さっと頭の中に浮かんできます。

ほかにも、このような例があります。

・疲れた〜↓わたし、がんばった

・あ〜忙しい忙しい↓よし、今夜はゆっくり休もう、充実している証拠

・失敗した…↓よい経験を積ませてもらったわ、話のネタになる

・わたしってダメだな…↓うん！チャレンジしているな、わたし
・あの人にモヤモヤする↓きっと相手に期待し過ぎたんだな、自分が成長したい証

ネガティブな感情がいつまでも続くと、それこそ自分の生産性が落ちてきます。自分のことは自分で励ます。それを実現してくれるのが「笑顔変換フレーズ」です。ときには現実としっかり向き合う必要がありますが、イヤなことがあったら、会社の人みんなで変換。笑顔に変換。そうすれば、過ごしやすい環境づくりに変わっていきますよ。

★「魔法の1秒笑顔」ー話し方・言葉遣い編　その8

「う…」と思ったら、笑顔になれる言葉に変換

ノーと言われるほどいい気分になる「笑顔お断り話法」

〜もう飲めないと思ったときのお酒の断り方法

お酒の席で、「さあさあ、もっと飲んで」とすすめられたとき、「もうこれ以上飲めないから、お酒をついでほしくない」というとき、あなたなら何と言って断りますか？　仲のいい友達同士ならきっぱり断れるかもしれませんが、上司や大切な取引先からすすめれたら、なかなか断れないのではないでしょうか。

だからと言って、無理して飲んでしまうと、自分の体が悲鳴を上げます。まわりにも迷惑をかけてしまいます。厚生労働省の情報によると、飲み過ぎてしまい、急性アルコール中毒で救急搬送される人の数は、平成から令和にかけてだんだんと増えています。

バブルの時代は、アルコール飲料を一気飲みする「イッキ」が流行し、大きな社会問題になりました。最近は「イッキ」を見かけることは少なくなりましたが、にもかかわらず、急性アルコール中毒になる人は後を絶ちません。

自分の命と健康あってこその笑顔。もう飲めない……と思ったときのお酒のお断り方法を知っておくと、酒宴の席に招かれても、安心して参加できるのではないでしょうか。いかに上司や先輩、

取引先であっても、すべてにおいてイエスと言うのではなく、お断りするときはお断りする。勇気がいるかもしれませんが、大切なことだと思います。

相手に不快な思いをさせずポジティブに断る方法

これから、２つのお断りパターンをご紹介します。あなたは、どちらのパターンで断られたいですか？

Ａパターン

「もうけっこうです。酔っ払ってしまいましたし、これ以上は飲めないのでいりません、無理です無理〜」

Ｂパターン

「ありがとうございます。もう十分いただきました」（器に手を当てニコッときっぱり）

Ａパターンは、必死で飲めないことをアピールしています。悪くはないのですが、この断られ方だと、お酒をすすめてくれるお相手は、自分が何か悪いことをしているような気分になります。でもＢパターンなら、お相手はきっと、気分を害することなく、気持ちよくお酒を勧める手を引っ込めてくださるのではないでしょうか。

お断りするときも、お相手の気分を考えた言葉を使うと、関係性を壊すことなく、それでいてきっぱりとお断りすることができます。社会人のマナーとして、身につけておきたいですね。

ポイントは、もじもじするとやり取りが続きます。お断りするときは気まずくならないように厚意には感謝して明るく笑顔で言い切りましょう。

★「魔法の1秒笑顔」―話し方・言葉遣い編　その9
お断りするときは、相手の気持ちに配慮した言葉と笑顔で伝える

9　スマイルアップの言葉遣い

言葉を身だしなみとして使う

時折ニュースで、「敬語」が話題になることがあります。おかしな敬語が使われていたり、間違った敬語が普及していたり、敬語が日本語で一番難しい、というお話もよく聞きます。

そもそも、なぜ敬語が生まれたのでしょうか。歴史をひも解くと、敬語は、古事記や日本書紀が書かれた8世紀にはもう使われていたようです。古来、日本には階級がありました。お互いの上下関係を言葉で表現したのが敬語です。

基本の敬語三種類

一流ホテルに行くときは、きちんとした服装で行きますよね。敬語も同じです。お会いする相手、

〔敬語の基本一覧表〕

普通の言い方	尊敬語	謙譲語	丁寧語
言う			言います
※知る			知っています
行く			行きます
来る			来ます
する			します
見る			見ます
いる			います
食べる			食べます
聞く			聞きます
書く			書きます
持つ			持ちます
会う			会います

〔敬語の基本一覧表・回答〕

普通の言い方	尊敬語	謙譲語	丁寧語
言う	仰る、言われる	申し上げる、申す	言います
※知る	ご存知	存じ上げる/存じている	知っています
行く	いらっしゃる、行かれる	伺う、参る、	行きます
来る	いらっしゃる お見えになる お越しになる	伺う 参る	来ます
する	なさる、される	いたす	します
見る	ご覧になる	拝見する	見ます
いる	いらっしゃる	おる	います
食べる	召し上がる	頂く、頂戴する	食べます
聞く	お耳に入る、お聞きになる	伺う、拝聴する	聞きます
書く	お書きになる	書かせて頂く	書きます
持つ	お持ちになる	お持ち致します	持ちます
会う	お会いになる	お目にかかる	会います

（※存じ上げる→人、存じている→モノに対して使用）

時、場所。そのようなＴＰＯに応じて言葉を変えてきた繊細な民族が日本人、と言えますね。

敬語の使い方１つで、相手との距離感が変わります。敬語は３種類あります。尊敬語は、上司や目上の人などを敬い、動作や状態について話すときに使います。基本のパターンは、「お（ご）～になる、くださる、られ」、謙譲語は自分や身内の動作や状態などへりくだる言い方です。「～する（します）　いたす（いたします）」「～させていただく」丁寧語　初めて会った人などに対して丁寧な言い方をする「～です」「～ます」「でございます」などです。

それでは、第６章の３でも一部伝えていますが、押さえておきたい敬語10選です。難しいな…と言わずに、ぜひチャレンジしてみてください。

【押さえておきたい敬語10選】○×クイズです。いくつ正解できますか？

①上司に「ご苦労様です」

正解は、「お疲れ様です」※ご苦労様は、目上の人が目下の人に使用する言葉。

②「こちらが領収書になります」

正解は、「こちらが、領収書です・領収証でございます」

変化しないものに、「なります」は、使用しません。

③「ご注文は、以上でよろしかったでしょうか」

正解は、「ご注文は以上でよろしいでしょうか」

現在の会話中なので、過去形は使いません。

④「アンケートの方にご記入ください。」
正解は、「アンケートにご記入ください。」

「方」（ほう）の使い方は１．方向や方角、２．比較や対比、３．言いにくいことをぼかして言う場合はいい。

例：１．右の方、２．赤と青なら赤の方、３．美容関係の方で働いています。
⑤「お名前を頂戴できますか。」
正解は、「お名前を伺ってもよろしいですか」「お名前をお聞かせ願えますでしょうか」
⑤「ちょっと、待ってください。」
正解は、「恐れ入りますが、少々お待ちいただけますでしょうか。」
⑥「杉浦さま、おりますか」
正解は、「杉浦さま、いらっしゃいますか」。「おります」は謙譲語なので、失礼です。
⑦「お食事をいただいてください。」
正解は、「お食事を召し上がってください。」※お召し上がりくださいは二重敬語ですが、一般化され、習慣として定着しています。
⑧「本日は、休業させていただきます。」
正解は、「本日は、お休みいたします。」

「させていただく」とは、相手の許可を得て使うからです。

⑨「その件につきましては、わかりません。」
正解は、「その件につきましては、わかりかねます」

ビジネスマナーでは、否定的な言い方は控えるようにします。

「あいにく」などのクッション言葉を使い、「担当の者に代わります」と言えると好印象です。
⑩「1万円からのお預かりいたします。」
正解は、「1万円お預かりいたします」。お金に、からは、不要です。

言葉の語源を理解しましょう

他に、押さえておきたい敬語として、「すいません」が挙げられます。

本来は、「すみません」が正しい日本語です。語源は、澄む。済むには、物事が完了するという意味があり、澄むには心がすっきりするという意味があります。「申し訳ないことをしてザワザワするので澄んでいない」という意味が込められています。辞書にも「すいません」は「すみませんの俗な言い方」と明記されています。

ですが、本人は何気なく使っていても、周囲では違和感を持つ方もいらっしゃいます。ビジネスマナーの謝罪は、「申し訳ございません」が望ましいことも押さえておきましょう。

違いがわかる人になりましょう

次に、「知っている」の謙譲語は、「存じている、存じ上げる」です。この違いはいかがでしょうか。対象が人の場合は、「○○様を存じ上げております」。人以外であれば、「昨日の○○ニュースを存じております」が正しい敬語です。研修ではどちらかわからなくなる方が多いので、両手を出して「人は上げる」と覚えてくださいと伝えています。

ある程度の年齢になると他人から注意を受けたり、指摘されることも少なくなります。日ごろから、美しい日本語、敬語を意識したいものです

美しい日本語を理解し、使えるようになると笑顔が増え自信がついてきます。

押さえておきたい笑顔フレーズ

①コーヒーでいいです↓コーヒーがいいです。

②これでいいです。↓これがいいです。

③すみません↓ありがとうございます。（迷惑をかけていない場合、ご厚意に対して）

④時間がない↓○分ある

⑤今、忙しいから無理です。↓○時以降なら、対応可能です。

たった一文字で、相手や自分に対しても印象が変わり、笑顔の度合いが変わってきます。

〔笑顔大作戦〕

よくできている◎、できている○、要努力△

	内容	◎	○	△
1	笑顔の効果を理解していますか？（5つ以上言えますか？）			
2	朝起きたら、光を浴び、お祝いポーズでにっこり笑顔をしています？			
3	洗顔のとき、メイクのとき、笑顔で行っていますか？			
4	歯磨きの後、歯ブラシくわえる（1分ぐらい）か食器を洗いの際、箸を加える			
5	常にスタンバイスマイル（口角を上げる）はできていますか？			
6	お手洗いの際、笑顔で手を洗っていますか？			
7	共感表情はできていますか？（嬉しい、悲しい・つらいなど）相手の気持ちに合わせて			
8	日々、感謝の気持ちを周囲に伝えていますか？			
9	自分が凹んだときに、よしよし笑顔（自分をハグ）して癒していますか？			
10	就寝時は、感謝の心を大切に笑顔寝していますか？（幸せの秘訣）			

例） 4/7 ◎⇒5個	/ ◎⇒ 個	/ ◎⇒ 個

★「魔法の1秒笑顔」ー話し方・言葉遣い編 その10 敬語を上手に使い分け、笑顔に自信がついてきます。

「魔法の1秒笑顔」を意識していただければ、人生は好転していきます。更に習慣化されたい方は「笑顔大作戦」がおすすめです。

笑顔大作戦の使用方法について説明いたします。

①下の部分に日付を記入します。

②よくできている、できている、要努力の中で該当するところにチェックを入れます。

③◎よくできているが何個だったか記入します。

④期間を決めて自分が取り組みたい項目を選びます。

⑤1か月後など、定期的に振り返ってみましょう。

⑥定期的に活用し、習慣化していきましょう。

◎が増えることで、人生の幸福度が増し、家庭と職場に笑顔が増えていきますよ。

〔笑顔力を高めるワーク（家族・友人のよい点、感謝できる点を100個書きましょう）〕

〔自分の魅力発見シート（自分のいいところを書きましょう。最初は自分で記入し、周囲にも聞いてみましょう）〕

笑顔道・運のいい人の法則（10項目）

おかげさまで仕事や学びなどを通じたくさんの方々に出会ってきました。大切な場面で選ばれたり、愛されたり、記憶に残る、信頼できる人には共通点があると思います。

①人生の夢、目標、目的が明確である
②素直で謙虚である
③聞き上手である
④前向きにものごとを考える・変化に強い。（メンタル最強）
⑤感謝の気持ちを表現でき応援される・巻き込み上手である
※手柄を自分の力ではなく、関わった方のお陰と言う
⑥明るく、よく笑う（人が集まりやすい）
⑦あいさつ、アイコンタクトがしっかりできる
⑧学ぶことが好き
⑨行動力抜群・チャレンジ精神にあふれている
⑩自分を大切にしつつ思いやりがあり、喜ばせ上手である

いかがでしょうか。私もこの10項目は、意識し習慣化できるようにしたいと思っています。

人は、いくつになっても変われます。人生１００年時代。自分を愛し、周囲を愛し、笑顔を味方に笑顔道を極めていきませんか。

あとがき

本書は、私にとって初めての書籍です。手に取っていただき誠にありがとうございます。私の人生のテーマである「笑顔」に関する本ですが、これまでの人生を振り返るきっかけにもなりました。故郷の秋田で育ったことがベースとなって客室乗務員、結婚、子育て、介護職、人材育成に関わる仕事をしてきた17年を振り返り、さまざまなことがありました。多くの仲間、出会いのお陰で現在に至ること心から感謝申し上げます。仕事を通し、たくさんの経営者、リーダーの皆様、一般の方々との出会いがあり今の自分が存在します。ありがとうございます。

執筆は、想像以上にやりがいがありました。人生は一度きり。やりたい、やると決めたことは、後悔のない人生にするためにもやり遂げたいと思い、取り組みました。周りから色々言われても、夢を夢で終わらせるのではなく、叶えるものだと伝えたかったのです。

また、本書の中では、コアメッセージとしての「魔法の1秒笑顔」の他、更に興味のある方に対し、マナーやコミュニケーションも伝えています。母からたくさんの愛情を受け、亡き祖母は凛として多くの人々を照らし続ける笑顔も素敵な自慢の女性です。私自身が沢山の影響を受け伝承していきたいという強い覚悟がございます。明るく、しなやかに柔和な人が増えて欲しいと願っています。

出版に際しお世話になった方々に心より感謝申し上げます。本当にありがとうございます。

いつも私を全面的に支えてくれて、応援してくれる夫のお陰で人生の幸福度が高いです。夫、そして娘たちに協力してもらい感謝。家族にもありがとう。

結びに、改めまして、本書を手に取ってくださったあなたへ。

あなたの取り巻くご家族、職場が「魔法の1秒笑顔」で笑顔三割増しになりますように。

人生は、あり方（考え方）×やり方（スキル）×関係性で好転していきます。

本書が、その一助になれば幸いです。

杉浦　永子

参考文献

・一般財団法人日本ペップトーク普及協会　テキスト
・一般社団法人日本コミュニケーションカード活用推進協会　テキスト
（第４章　相手に合わせたコミュニケーションスタイル）

テキスト協力　株式会社セールスリンク　佐藤なな子さん
撮影協力　魅力開発フォトグラファー　石川ひろみさん
フォトグラファー　福田沙織さん
編集協力　鈴木あゆみさん

著者略歴

杉浦 永子（すぎうら　ながこ）

第一印象研究所　代表
接客マナー・笑顔コンサルタント
家庭や職場、マナーで「人間関係」を改善する第一人者
元客室乗務員・マナー・コミュニケーション講師歴 17 年
「笑顔３割増し」をモットーに、客室乗務員として人を笑顔にする機内マナー「スマイル・スマート・スピーディー」な顧客対応、おもてなしスキルを習得。2006 年、笑顔の輪が広がる社会を目指しマナー＆コミュニケーション講師へ転身。現在、取引先は民間企業、官公庁の研修、講演講師、医療系、介護、福祉その他、飲食店・ショップ、大型観光キャンペーンの接客等、企業実績は多業種 700 社以上に及ぶ。依頼先需要に合わせたオーダーメイド研修は“楽しくわかりやすく実践しやすい”と好評。プッシュ型営業不要の高いリピート率を誇る。幼少期の家庭環境から辛いときこそ笑顔で人は元気になる！笑顔は伝染すると確信。家庭、職場に笑顔を広げる活動に日々精進する。

保有資格　一般社団法人　日本アンガーマネジメント協会アンガーマネジメントコンサルタント
一般財団法人　日本ペップトーク普及協会　認定ファシリテーター
一般社団法人　日本コミュニケーションカード活用推進協会　認定トレーナー

第一印象研究所　ホームページ

「魔法の１秒笑顔」ハッピー大全
～家庭も職場もうまくいく

2023年 11 月29日　初版発行

著　者　杉浦　永子　© Nagako Sugiura
発行人　森　　忠順
発行所　株式会社 セルバ出版
〒 113-0034
東京都文京区湯島 1 丁目 12 番 6 号 高関ビル 5 B
☎ 03（5812）1178　FAX 03（5812）1188
https://seluba.co.jp/
発　売　株式会社 三省堂書店／創英社
〒 101-0051
東京都千代田区神田神保町 1 丁目 1 番地
☎ 03（3291）2295　FAX 03（3292）7687

印刷・製本　株式会社 丸井工文社

●本書の内容に関する質問は FAX でお願いします。

Printed in JAPAN
ISBN978-4-86367-860-6